温润如玉
向阳而生

深圳二高教育故事集

高玉库／主编

东北师范大学出版社

长春

图书在版编目（CIP）数据

温润如玉　向阳而生：深圳二高教育故事集 / 高玉
库主编. — 长春：东北师范大学出版社，2020.11
　　ISBN 978-7-5681-7410-7

　　Ⅰ.①温… Ⅱ.①高… Ⅲ.①中学教育—文集 Ⅳ.
①G63-53

中国版本图书馆CIP数据核字（2020）第217505号

□责任编辑：黄玉波　　　　　　□封面设计：言之凿
□责任校对：刘彦妮　张小娅　　□责任印制：许　冰

东北师范大学出版社出版发行
长春净月经济开发区金宝街 118 号（邮政编码：130117）
电话：0431-84568115
网址：http://www.nenup.com
北京言之凿文化发展有限公司设计部制版
北京政采印刷服务有限公司印装
北京市中关村科技园区通州园金桥科技产业基地环科中路 17 号（邮编：101102）
2022年6月第1版　　2022年6月第1次印刷
幅面尺寸：170mm×240mm　印张：12.75　字数：194千

定价：45.00元

编委会

序 言
PREFACE

师者温润如玉，桃李向阳而生

君子有三乐，"得天下英才而教育之"为其一。作为一名教育工作者，我们都是怀揣着热烈的青春之梦，秉持着为教育而奋斗不息的赤子之心走上工作岗位的，继而在纷繁丛生的教育教学问题中自我砥砺，在与学生朝夕相处的时光中从容成长。匆匆而逝的每一桩每一件，流逝成了过往，也塑造成了历史，在我们自觉接近于成熟的时候，思想开始拷问灵魂，并越来越多地触及教育的本真。

教育要培养什么样的人？

是培养浪尖潮头腾跃的"人上之人"，抑或是培养俯身应时力行的"人中之人"？思虑或许尚茫然，然底色却毋庸置疑。教育首先应该培养有爱之人。"自我热爱远非缺点，这种定义是恰当的。一个懂得恰如其分地热爱自己的人，一定能恰如其分地做好其他一切事情。"爱自己，爱自己的身体，爱自己的心灵，爱自己的生活。进而将自我之爱推及他人，在"爱"中孕育出开阔的眼界，荡涤出磊落的胸怀。于此之外，还应爱国家。承之以责任，付之以担当，铸就强烈的爱国情怀，传递赤诚的爱国精神，拥有积极进取、创新发展、宽厚从容的姿态，方能担负起推动社会发展进步的时代重任。

教育应该培养受尊重的人。尊重自我、尊重他人、尊重社会和尊重自然。在平等的姿态中收获友谊，在自爱的滋养中铸就自尊。人生之所以精彩，是有愿意全然地接受一切的广博胸怀；生命之所以可贵，是有愿意尊重一切生命的雄伟气魄。教育还应该培养有耐心、能抗压、耐挫折的人。有耐心，方能坐得住板凳，耐得住寂寞，才找得到逆流而上的动力；能抗压、耐挫折，才有迎接挑战的勇气，生动光彩的青春之舟才能劈波斩浪抵达彼岸。

教育工作者应该是怎样的人？

我们总喜欢把教育工作者喻为园丁，园丁之说，在于其辛勤，在于其细心。然而真正的教育工作者，不应该只是园丁，更应该是植树者和护林员。培花植草当然不可少，育成大木才是重中之重。而承担起育大木之重任的教育工作者，当如谦谦之君子。行如君子，温其如玉。"君子比德于玉焉。温润而泽，仁也；缜密以栗，知也；廉而不刿，义也；垂之如队，礼也；叩之，其声清越以长，其终诎然，乐也；瑕不掩瑜，瑜不掩瑕，忠也；孚尹旁达，信也；气如白虹，天也；精神见于山川，地也；圭璋特达，德也；天下莫不贵者，道也。"为人师，当有与玉相配的德性，温润而光泽，有仁；当有玉的致密坚实，有智；当郓角方正而不伤人，有义；当沉重而欲坠，有礼；当声音清越悠长，终了戛然而止，有乐；当瑕不掩瑜，瑜不掩瑕，有忠；当色彩四溢，照拂四方，有信；当气质如白虹，当精神如山岳。为师者，如玉一般，拥有内在的气质风度与修养内涵，雍容自若有神采，豁达潇洒有风度，不露锋芒，不事张扬，呈现出一种成熟而圆润的生命之美。

雅斯贝尔斯在《什么是教育》一书中言及："教育的本质意味着，一棵树摇动另一棵树，一朵云推动另一朵云，一个灵魂唤醒另一个灵魂。"所谓摇动，其意为示范；所谓推动，其意为影响；所谓唤醒，其意为熏陶。因此，教育工作者，还应如"向阳之花木"，自我追寻着生命的生动，也引领学生走向生动的生命。"近水楼台先得月，向阳花木易逢春"，为师者自身向阳而生，所践之行，所虑之思，方能"春风化雨"，最后勾勒出"陌上花开，春色满园"的动人芳华。

师者温润如玉，学者向阳而生。辽阔而丰富的教育画卷便就此展开，平凡而生动的教育故事拉开序幕。教育的乐章中从不缺少动人的旋律，只是缺少驻足的脚步和细心的聆听。试问哪一段时光没有写就故事？哪一个故事不能打动人心？教师在与学生们的朝夕相处之中，多少个日夜，以谆谆教诲，引导了思想，洗涤了灵魂；多少次课堂课外，以精深的学识，消除了困惑，引领了成长。然而，多少个动人的故事在时间的长河中渐次消散？多少个美妙的身影在记忆的角落里暗藏？

三尺讲台，两袖清风，一心育人，脚步匆匆。教师不是蜡烛，是明灯，照亮了学生远大前程，也照亮自我生命的苍穹；教师不是粉笔，是浓墨，书写学生成长的故事，也演绎自我灿烂的人生。

感此种种，惜之、叹之、伤之，终决意编此一书。以"温润如玉　向阳而生"为名，既寄寓着对教育工作者成就自我的热切期盼，也蕴含着对和谐共生、共同成长的教育境界的追求。本书讲述温润如玉的教育故事，引导向阳而生的生命形态。其内容从学生、家长、老师三个层面出发，挖掘源自生活的教育故事，叙之以流传，传之以动人。情思动人，每一个故事都能引出一段触及心灵的乐章；才智感人，每一段乐章都拥有启迪心智的力量；德行育人，每一种力量都激励着生命的成长。

　　生命当温润如玉，向阳而生，学生如此，教师亦如此。期望本书能为身处教学一线的同行们带来身临其境的体悟，进而开启一个丰富而生动的教育世界。

高玉库

目 录
CONTENTS

第三辑　尊重这把钥匙

第四辑　青春在自信中绽放

第五辑　一个都不能少

第六辑　不完满才是教育

第七辑　记忆里开满了鲜花

第一辑

——

爱是一道光

爱 的 距 离

陶 琴

在这个世界上，我们都渴望去爱，渴望被爱。可是如果方式、尺度不对，爱也会伤人。

故事一

初见A同学，那时他们刚上高二，我中途接一个同事的班。初为班主任，我深知有很多要学习的地方。我舍得花时间花精力，每天晚上都在学校看晚自习，陪伴学生。A同学，中等个子，黑壮黑壮的，见到老师很有礼貌。但是各科老师都反映他上课总是打瞌睡。早读时，我找他聊天，问他为什么这么困。他左右搪塞，一会儿说同学聊天影响他睡觉，一会儿说他就是这么爱睡觉。过了两周，一天早上6：00我打开手机才看到生活老师给我打的很多个电话。他用短信告诉我，A同学不见了。后面到了学校并了解情况，我才知道他是和同学一起翻墙出去到网吧打游戏了。学校对于这样的行为会从严处理。我预感他可能要被开除了。他爸爸来学校接他回去，看那架势，回去就是一顿暴打。第一次见他爸爸。他是开服装厂的，非常有礼貌、客气和坦诚。他告诉我A同学之前420多分考到了我们学校，第一学期分在了重点班，是有学习底子的，让我帮忙让学校网开一面。后来学校给了他一个留校察看的处分。他回来那天，我担心他进班时同学们会排斥他，便告诉同学们我们班一个都不能少，还特意让同学们为他写留言条，鼓励他洗心革面，重新来过。他收到的时候也是非常激动，表示要重新学好。过了一阵子，他爸爸给我发微信说，A同学是不是没救了？然后告诉我一些他吸烟、追求班上女孩子，还有他在初中前，经常去偷东西、欺负小同学等行为。我才知道，原来他之前一直在老家当留守儿童，跟着爷爷奶奶生活。他做出不良行为后，班主任老师给他爸爸打电话，让其接走孩子，说不然孩子就毁了。他爸爸这才意识到事情的严重性，把他接回深圳上学。爸爸在他身边监管三年还好，他比较聪明，得以考入重点高中。可是脱离了家长的监管，他就打回原形了。之后，为了把他拉回正道，每周他爸爸都把生活费转给我，然后我亲自到食堂给他充到卡里，以防他有钱去买烟，打游戏。我们恳请他喜欢的那个女孩子写信鼓励他（那个女孩子高三出国了）。可是好景不长，他照样想办法搞到手机，晚上玩，处处违规，心思不在学习上。高考报名前，他因为家长的居住证时间问题，不能在深圳高考，只能回老家。中途一次他借口回来看生活老师，把隔壁班同学的钱偷了，被同学查监控发现了。我们对他真的是失望透顶。后来他通过考试去了一所职业技术学校，连高考都没有参加。在同学们积极准备高考时，他就在便利店打工，提早进入社会了。希望他能早日懂事。

故事二

B同学是一个文文静静的女生，她说话很温和，也很有礼貌。第一周，她跟我说眼睛看白板有点儿吃力，让我帮她调了座位。开学两周后，她开始身体不舒服，经常请假回家，一回去就是好几天。上学期期末她的成绩是班里前几名的，这一请假让我不免有些担心。后面更让人揪心的是，她心理上出了一些问题。听她妈妈说，她的爸爸对她非常严格，非常在意她的学习成绩。她高一有一次分班考试没有考好，来到了平行班。那次考试成绩出来那天，她就把自己锁在房间里。她爸爸去敲门，她不开。然后爸爸就准备用刀把门劈开，把她吓到了。后面那个暑假，妈妈把一个淘汰的苹果手机给她用。这下她就迷上了手机聊天，玩笔仙游戏。原来她每次回去都是要玩手机，不玩就不吃饭，整个人都精神恍惚。她和爸爸的关系变得很僵，后面发展到只要她回家，爸爸就要回避。高二的第一次考试，她考到了班里倒数。她说很轻松，终于可以不在意成绩了。其间，我也找她聊了很多次。她说她学得太苦，太累了。后来我从她高一的语文老师那里了解到，她是一个非常有才的女孩，博览群书，写的文章非常好。我就请语文老师帮忙，鼓励她，让她把之前写的作文重新整理给老师，希望她能找到学习的兴趣和信心。可是效果不太明显。等到高三时，她想学习了，但是掉得太远，补起来太难。最后她只能去一所很一般的大学。现在想起来，所幸平安毕业。希望她能继续努力，留得青山在，不愁没柴烧。

故事三

C同学是一个害羞腼腆、俊俏的男生。他笑的时候，有点儿像肖战，平时也是很受同学们的欢迎。他妈妈说他可能要出国，高一暑假报了美联，好好地学了下英语。C同学英语成绩不错，可是其他的好多科目都不及格。后来跟他妈妈聊天，我才知道他爸妈都是国内名校毕业，在当年那都是状元级的学霸。他说他跟初中同学说爸妈是学霸，同学说他是捡来的孩子吧。原来，他小学基本是放养长大的。爸爸妈妈忙工作，那时报班也没有现在这么火，他就有了一个很愉快的童年。可是到了初中，他的成绩上的劣势就显现出来了。还好，他妈妈及时意识到了，跟他一起学了一年。毕竟初中知识简单，量不大，他幸运地考上了我们学校。开学后，年级要求召开后500名家长会。C同学的爸爸来了。考传媒专业、出国他们都说不考虑。那我就寄希望于学霸的爸爸能够指导一下他的数学。爸爸有没有指导我不知道。妈妈倒是行动起来了。他们家亲子关系不错，C同学喜欢跟她分享交流，也喜欢从妈妈那里获得一些建议。于是她和他一起，先攻破语文。慢慢地，数学、生物、物理都进步了。到了高三，C同学就考进了班级前十名。出国方面，他也顺利通过了我们学校加州大学的项目。同时他也参加了高考，发挥了他最佳水平，超过了一本线好几十分。最后他选择出国，可以预见他会有不错的未来。

三个同学都在同一个班，却有着不同的境遇。相信他们的爸爸妈妈都是爱着他们的，希望他们有好的前程。可是为什么会有不同的作用呢？放任之爱、操纵之爱都会适得其反。现在不少家长把孩子放老家，让老人看管。老人只能管得了他们吃饭，根本管不了其他。等这棵树苗已经基本成型时，再去纠正就太难太难。有个家长，他的孩子初中上完就不想上学了，他后悔不已，对周围的亲朋好友都建议说：即使讨饭也要把孩子带在身边。B同学、C同学都是在父母身边长大的。为什么差别那么大呢？B同学从小经历的是专制的爱。这个在孩子成长初期，是有效的。但随着孩子长大，专制的方式就会被打破。我从中斡旋，说她爸爸这样做也是为她好，她不以为然，什么话都听不进去。A、B同学和他们的父母其实是有着较大的心理距离的。C同学得益于他们家良好的氛围和亲子关系。C同学妈妈说，平等、同理、契约这几个词非常重要。要放下家长的架子，接纳孩子的生活方式，关心孩子。最难的是家长情绪的控制。孩子听不进去家长的话，往往是沟通的方式和说话的语气有问题。要想尽办法让孩子看到希望。讲别人家孩子的例子是很忌讳的，我们要尽量找孩子自身成功的例子，反推他做了什么导致成功，这是正向促进的。最有效的沟通时机是有甜头有收获的时候。所以当她帮孩子在语文学习上取得突破后，孩子对她的话便非常相信，愿意投入努力，一切也就进入了良性循环。要知道，不光是孩子会犯错，家长也容易犯错，要尊重孩子，相信孩子，把他当作一个独立的个体。只有亲子关系好了，家长说的话，孩子才会听。不要让孩子感觉你只在意他的成绩，要让孩子感觉到你在意的其实是他这个人，他在被无条件地接纳着。

家长应该懂得爱要有距离，不能去做一些越俎代庖的事情。过分宠爱是很多家庭的通病，孩子有任何要求，无论精神上的还是物质上的，都无条件满足。孩子总能得到满足，他的抗挫折能力就无法得到锻炼，就容易形成孤僻、自傲、任性、自私等性格缺点。著名心理专家郝滨老师分析认为，家长要对孩子的心理健康多关心，要依据孩子的性格特征寻求恰当的教育方式，既要防止"简单粗暴"，又要防止"过度溺爱"。应及早发现问题并寻求专业帮助，及时解决，不要让心理问题严重影响孩子的生活和学习，而最终影响其终身幸福。父母事事顺从孩子的要求，替他完成所有事情，孩子什么事情都不必动手，于是容易变得以自我为中心、任性、依赖、迟熟、不能忍让，也不懂自己照顾自己；即使表面看来柔顺温和，但当孩子长大，需要面对难题时，就可能出现性格突变。父母的包办代替是造成孩子软弱无能的重要原因之一。一些父母对孩子百依百顺，不让孩子做任何事情。这等于剥夺了孩子自我表现的机会，扼杀了孩子的能力发展。

过分专制也是很多家庭的另外一个通病。经常以高声规范孩子的举动、限制他的自由、否定他的想法，会使孩子长期处于恐慌之中，无法表达自己，只懂唯唯诺诺，同时会使孩子失去自信，失去尝试新事物的勇气。另外，为了发泄不满，孩子会欺负比自己小的人。当孩子长大，他更可能会对父母存有怀恨心理，把以往积压的不满发泄到父母身上。

19世纪德国学前教育家福禄贝尔曾说："国家的命运与其说操在掌权者手中，倒不如说是掌握在母亲的手中。"家庭教育对社会的现实利益有重要影响。家长们要适度地，以恰当的方式爱孩子，才能发挥出家庭教育的最大作用。

爱在左，智慧在右，呵护心灵成长

——记我与小U的二三事

姜陆陆

　　高尔基有一句名言："爱孩子，这是母鸡也会做的事，但要善于教育他们，这就是国家的一件大事了。"这句话常常被用来作为家庭教育中父母应该反省和成长的一种激励。置之学校教育的层面上，这句话依然非常适用。从前我认为做班主任只要爱学生就够了，但现在我发现，除了对学生投入爱，还要有更多的智慧去帮助他们。正是与小U"斗智斗勇"的过程中，看着他成长，我才有了这样深切的感受。姑且分享与他有关的几件小事：

　　故事一：换位思考，平息风波

　　开学一个月之余，我接到了一堆关于小U的投诉，包括但不限于：在教室里吃东西、宿舍区内务不好、早操不出勤、擅用职权开计算机……怎么会这样呢？我的脑海中浮现出开学时的一幕：刚开学的班干部竞选，一个男孩子冲上讲台，这就是小U。他的自我介绍是这样的："我很喜欢讲笑话，我的初中同学都很喜欢我。我认为我善于调节气氛，会让大家很开心，所以我想竞选班长。"一语未了，下面已经笑声一片。结果自然不错，同学们被他的单纯可爱打动，选他为班级的值日班长，并兼职电教委员。班级实行民主化管理的班干部负责制，小U是周五的负责人。打铁还需自身硬，这样的干部哪有威信和领导力呢？

　　还没等我叹完气，班长Y来了。Y一贯成熟稳重，热心负责。Y告诉我，他昨晚制止小U用计算机看喜欢的篮球视频，并在班上公开批评了小U，小U火了，冲上来想要同Y动手。但是Y很克制，没有同他动手。

如果是从前，我一定会马上跑去问小U是怎么回事。班里竟然有这样的事？我忍不了！转念一想，不行，小U一定会奇怪，老师怎么会知道我俩差点儿打起来？好哇，一定是某人告的状！这不是火上浇油吗？于是，我先表扬了Y的责任心和理性，又叮嘱他冷处理此事，以后要在为班级付出的同时灵活处理问题，尝试转变一下行事风格。Y走后，我静下心来思考这件事的解决办法。学生一切行为的背后，都有其内在原因。小U因被公开批评而发火，说明他在意自己在同学心中的形象，应该是个自尊心很强的孩子。而自尊心强的孩子，对自己都是有所要求的，近期屡屡被投诉，说不定也是引起他发火的另一部分原因。但是尝试用武力来解决问题，是一种低端思维的表现，说明他在心智上还有不成熟的地方。所以要解决他的问题，先要接纳他的情绪，理解和认同他的委屈，再分析他的问题，让他能够认识到自己的错误。

这天晚上刚好是我答疑。小U跑出来问问题。我暗喜教育契机送上门来了。解答完他的问题，我问他："最近怎么样啊？生活老师说你有进步，是不是近期适应学校的管理了？"他低下头："嗯，还好吧，就是昨天，有点儿心情不好。"

"怎么了？"我明知故问。

"昨天Y当着全班同学面说我在班上看篮球视频，但是……"

"那你看了没有呢？"

"我看了……"

"你很喜欢篮球，对吗？"

他抬头，可能是有点儿诧异我没批评他，"嗯，我喜欢，特别喜欢……"他加重了"特别"两个字。

"我能理解特别喜欢一样东西的感觉，会时时想着它，你是什么时间看的篮球呢？"

"无论怎样，Y也不应该当着同学的面说我啊！这样我很没面子，我觉得他是有意针对我。"

"他说了你，那你呢？"

"我……我当时很生气。"

我笑了，看来U也知道自己动手不对，"那你认为Y怎么对你说，你才会接受呢？"

他又低下头，"好吧，我错了，我不应该在这个时间看。"

我知道他还没有完全放下芥蒂，但两个同学之间不能因此而种下不和的种子，何况他们还都是班干部。于是我接着问，"如果你是Y，Y是你，你会怎么做？"

他迟疑了一下，"我会私下对他说。"

"好，你处理得很好。如果你是Y，你可不可以不管这件事，当作什么都没看见？"

"……"

"Y完全可以做一个'和稀泥'的老好人，当作什么都没看见。这样你们之间就不会有任何冲突了。但是同学们就会认为，哦，原来班干部可以什么都不管，班干部还可以擅用职权，那我们这个班的风气就会慢慢坏掉。Y为了班级，还是管了这件事，你还会认为他是针对你吗？"

"嗯，那他可以私下跟我说啊！"

"没错，不过你选择用动手的方式表达自己的愤怒，他还会私下来找你吗？你认为动手能解决问题吗？是不是可以告诉他，'我不喜欢你这样批评我'。古人说，'每临大事有静气'，也就是遇事别急。这才是成大事的人具备的素质呢！如果你感觉委屈，可以好好解释，为什么非要选择动手呢？"我故意把"成大事"几个字加重。"匹夫见辱，拔剑相斗。其实是低层次的动物性思维。这个世界是谁拳头硬谁就了不起吗？"

"嗯，老师，我知道了。"

"知道你该怎么做了，找个时间你和Y单独聊聊？渡尽劫波兄弟在，相逢一笑泯恩仇。这样才是君子所为呢。"我顺势表扬他几句，提出我的期待。

"好，我自己去找Y吧。"

"好，我知道你是个对自己要求很高的孩子，我很看好你，方方面面都要提醒自己多注意哟！"

他答应着走了。后来，我又看到U和Y在一起讨论问题了。这场风波算是过去了，但是小U良好的行为习惯还没完全养成。

故事二：激励赏识，弱化痕迹

运动会即将来临。小U报了跳远和200米，结果就在运动会前一天，他发高烧了。父亲把他接回去，晚上我收到了信息：老师，我想回来参加运动会。我赶紧告诉他，不要急，养好病要紧。过了一会儿他的父亲告诉我，小U为了能回来参加运动会，很配合地吃药。第二天一早他果然回来了。我先叮嘱他千万不要勉强，又在班上大力表扬他的集体主义精神。虽然比赛没能取得名次，但是他的精神可嘉，这是一次绝好的增强班级凝聚力的教育契机。班上同学纷纷对他刮目相看，这让他收获了不小的成就感。运动会结束后，小U整个人都很积极，在内务方面也有了明显进步。我又找他谈话，激励他把这种热情也延伸到学习和行为习惯方面去。

学期结束，来势汹汹的疫情把我们困在了家中。一天，小U父亲给我留言，说小U很烦躁，为自己在线学习时效率不高而困扰，希望能得到我的帮助。是啊，这段时间不能出门，热爱运动的他一定憋坏了，能量都无处释放。恰好，我给小U批改作业时，发现他的书写比之前有进步，于是表扬他："字如其人，工整清晰说明心静下来啦。"

"谢谢老师，说实话，我感觉自己还是玩心很重，有时候有点儿烦。"

"玩心重没有什么关系，该到学习的时候全情投入，该玩的时候也一样。我们每个人都会有情绪低落或者烦躁的时候，但正是这样的冲突和磨砺让我们战胜自我。要正视自己的情绪，学会和自己和解，努力去成长，但是不要随波逐流。"

此后的每一天，我都会在收到他的作业时，勉励他一句。我们的对话，常常是这样的：

"今天效率怎么样？"

"一般，但比之前高点儿。"

"慢慢来，会越来越好的。"

"老师，这篇文章真好！我有感同身受的感觉，但就是有点儿长啊。感觉好深奥，有点儿读不懂。"

"加油，如果都是读得懂的，那怎么能提高呢？"

"嗯！"

"老师，今天光读文章就花了我45分钟。"

"那说明你很投入啊，你看，这就是你点滴努力带来的提高。"

"老师，这两天我感觉更充实了。"

"那就好，慢慢来，允许自己有不安定的情绪，接纳自己，这才是真实的你。去跟自己的心灵对话，找到原因，是什么让我对自己、对现状不满意？因为我希望自己变得更好、更踏实、效率更高。对不对？这样一想，就会平静多了。能够智慧地面对自己的情绪，是我们每个人成长中的必修课。我相信你会做得越来越好。"

这天，我收到了这段留言："谢谢老师。老师，你对我太好了。从小到大还没有一个老师对我这么好过，您是我生命中的一位伯乐。"

我的回复是："傻孩子，因为你值得。"

教育是用心去体会成长的过程，爱在左，智慧在右，一路浇灌，一路呵护生命的成长。作为教育者，记下这些点点滴滴，时时反思，反观自身是否有不足的地方，这就是教学相长啊。

帮我做几道数学题

陈 琳

刚接手这个理科班，他就特别扎眼，迟到，不交作业，上课睡觉，不参加课间操。每次谈话，油盐不进。

一次年级课间操集合，他又迟到了，我当时心中的怒火一下升腾起来，"曹思成，你不是不喜欢做操吗？那就跑两圈，让全年级都看看。"他明显有些不情愿，但迟疑了一会儿还是照做了。年级各班同学都在朝他指指点点，旁边有个班级的学生说了一句："哦，是他啊，他妈妈就在我们小区做钟点工。"他听到后，脸都红到脖子根了。

这件事过后，他变得有些不对劲。他见了我也不打招呼，一听我讲话就会露出不屑的笑容，让我浑身不舒服。

到了五一放假前，下午最后一节是体育课，我走到班上就发现他低着头坐着，两只手藏在课桌下握着手机在玩。我狠狠地推开门，发出"砰"的一声，他显然被突如其来的声响吓了一跳，本能地将手机塞进了课桌。

我站在门口，冷冷地问他："为什么不去上体育课？你在玩什么？"他理都没理我，顺势趴在桌面上做睡觉状。

"我看到你在玩手机，把手机交出来。"他还是没有反应。

"既然你不合作，我就只好给你妈打电话了，让她到我办公室来接你。"

这时候他一下从座位上弹起来，近乎哭着喊："手机给你就是了，你满意了吧？"

话音刚落，手机零件落了一地，他甩给我愤怒的背影。

我一下懵了。

我把他妈妈叫了过来。了解后才知道，他生长在单亲家庭，妈妈是清洁工，他一直感到很自卑。有一次他妈妈无意间去了孩子同学家里做钟点工，那位同学就把这件事情说出去了，全班都说他是钟点工的儿子，对他指指点点，他因此跟同学大打出手。

我一下明白了他所有的抗拒，就是同学那一句不经意的话戳到了他的痛处。

我把孩子和他妈妈请到了一个安静的办公室，我说："思成，我们今天先不谈手机问题。你数学好，帮我算几道题。"我拿出纸和笔，说："你知道我身上穿的这件外套多少钱吗？"他傻傻地看着我，显然没有想到我会跟他讨论女人的穿衣问题，不知道如何反应。

"我告诉你，是360元。我这瓶爽肤水多少钱一瓶，你知道吗？"

"不知道。""110元。"

"你知道我这个头发花了多少钱做的吗？570元。"

我接着在纸上边写数字边说："今天给你透露一下，我每月还要买面膜、做护发养发、买化妆品、买零食……这是一般的城市女人都有的正常消费，总共约3 000元。""现在你写出你妈妈她在这些方面的花销是多少。"

他面对这些问题，多是茫然的，无从下笔。但我步步紧逼："你必须写下来，我想要一个准确的数字，不知道的可以问问妈妈。"他妈妈在旁边早已泪流满面，根本无法回答他。

我在纸上写下一个大写的零。

放下笔，我将刚才散落的手机零部件一件一件地摆放在桌面上，慢慢地说："能告诉我这手机花了多少钱吗？"

他看着这些残骸，开始流泪，低着头说："三千多。"

我一字一顿地告诉他："你知道这意味着什么吗？你妈妈舍弃了自己的'面子'，成全了你所谓的尊严。而你却为有这样的妈妈感到自卑，自暴自弃。"说到这里，我的眼泪忍不住夺眶而出，"现在你可以自己看看你的妈妈，摸摸她的手，看看她的头发，摸摸她的脸……"他终于忍不住抽泣了起来，反反复复地说着："对不起，妈妈……"他的妈妈早已泣不成声。

放假后的周记里，他写下了这样一句话："我的妈妈虽然是清洁工，但她是世界上最伟大的母亲，我骄傲，我自豪。"

我和胡同学的那些事儿

杨士柱

这个故事发生在2012年9月刚开学的一段时间。我刚参加工作不久，学校安排我做高一（17）班的班主任。胡同学一开学就表现出了他的与众不同，新生注册我还未知道他的名字他就给了我一个见面礼——毫不忌讳地玩弄他的手机，被我批评后只是放进口袋并未表现悔过的样子。开学的一段时间里每次上课都不认真听讲，上自习还总是和其他同学说话。班上同学和科任老师也总是给他提各种各样的意见。每次找他谈话他都一副玩世不恭的样子，着实让我生气。一天晚上，我本来想着去班上了解一下晚自习纪律情况，没想到一走进教室就发现胡同学在那里玩手机，他是那样的专注，以至于我都走到他身边了他竟然还没有反应。想起他平日的表现，此时的我真是气不打一处来，上去就狠狠地拍了他的桌面。当时的他一脸惊诧地看着我，不知道说什么好，手机也被我吓得掉在了地上。我狠狠地对他说了一句："你在干什么？给我出来！"他好像看到我如此生气也明白了自己大难来临，只见他慢慢地捡起手机，然后跟着我走出了教室。走到教室外边，我没有跟他说话，也没有没收他的手机。他一脸惊诧，我想他肯定在想怎么老师会在这个时候出现。时间慢慢地过去了5分钟，我的心情也平静了很多。但是后面发生的事情又让我暴跳如雷，他竟然问我："老师，你让我出来干什么呢？"此时此刻的我已经按捺不住自己的愤怒，好不容易平复的心情犹如山洪暴发，又一次被这句话挑起。我狠狠地看着他说："你说我找你干什么？"他回答："是玩手机的事情吗？"我的天呀，当时的我简直崩溃了，恶狠狠地对他说："行，既然装模作样，那就滚回家！"说着，我拿起电话联系了他的父母，当晚他就被接回了家。

那天晚上回到家里我一直没有睡好，总是不断地问自己：这样做好吗？把他赶回家对吗？经过思索，我决定面对这样的境遇，想办法解决这样的问题。我当时只是想事情还是早点儿解决吧。第二天我列出了解决此事的计划和步骤。

第一步：了解家庭情况

第二天，我把他的父母叫到了学校。经过沟通才知道，胡同学父母最近才离异。想到这点，我才明白胡同学为什么这段时间变化得如此突然。我的心里有了一些愧疚之意。随后的日子里，我不会在班里提及他的特殊性，相反还主动找他谈心。我告诉他，父母离婚并不影响他们对你的爱。我给他举例让他相信他的父母还是很爱他的。经过多次交流他认同了这点，也慢慢接受了我这个老师。考虑到胡同学比较爱面子，我总是让他通过日记与我交流。我让他知道现在父母离婚也是普遍的事情了，但这并不影响他们对他的爱，让他明白凡事有得就有失，家庭的变化会让他很快地成熟起来，还会让他很快地独立起来，让他懂得人生的路是要靠自己走的。就这样，通过多次交流，他重新振作起来。有一天，他还主动跑来向我道歉："老师，那天晚上我真的错了，我不该那样故意气你。"听了他诚恳的道歉，一股暖流在我心中油然而生，我想我开始改变他了。

第二步：进一步加强与父母的联系

为了彻底让胡同学建立起信心，改变自己，我每周都给他的父母打电话了解他周末在家的情况。我说服他的父母每周无论多忙都要和胡同学在一起吃顿饭，都要主动地跟胡同学交流沟通，让他感受到虽然离婚但是父母都很爱他。为了让胡同学感受到老师对他的重视，我还进行了一次家访，胡同学的家长都很配合。经过交流，我们达成一个共识：父母应该尽到自己的责任，不要因为父母的关系而毁掉孩子的成长。他的父母也答应我会给胡同学营造良好的环境。有了家庭的保障，我想我可以开始下一步行动了。

第三步：挖掘其闪光点，帮助其建立信心

由于之前在班级表现很差，班上同学对胡同学意见很大。我想我应该先从改变其他同学对他的看法入手。我召开了班级班干部会议，首先让班干部接受他。我想每个孩子都是有自己的优点的，胡同学也不例外。比如他比较聪明，思维敏捷，体育好。我向班委们列举这些胡同学的优点，班干部们表示认同，还提出愿意和我一道帮助胡同学。而后我又同我们班的任课老师做了相应的沟通，老师们都表示以后在教学中会多多关注他。果不其然，在班级同学和科任老师的鼓励支持下，他逐渐地获得了自信，有一次考试他的数学竟然还考了120分，要知道这是他之前想都不敢想的。看到他的进步，我感到欣慰了很多。在接下来的日子里我不断地鼓励他，逐渐地他脸上的笑容更多了，我想他应该改变了。高一下学期文理分科他选择了文科，他表示要继续跟着我学习，我欣然答应了他的请求，因为我知道从现在开始他会变得优秀起来。

这个故事已经过去了三年，他也顺利地考上了满意的大学。就在前几天，他回到母校来看我。提到过去发生的事情，他哭了。他对我讲："老师，我一直没有跟您说声谢谢，其实我这次回来看您，主要是想跟您说声谢谢的。那个时候您为了改变我，真的付出了很多很多，您辛苦了。"听到这样的话语，我的心里酸酸的，他由一个稚嫩的孩子变成了一名优秀的青年，作为他的老师，我由衷地感到欣慰！

我的故事虽平凡，却是真实的。时过境迁，每每想起和胡同学的这段故事，我都会感受颇深。我不知道当时哪儿来的勇气和执着要改变这样一个在其他人眼里似乎无法改变的孩子，有好几次我都打算放弃了，但是好在我又坚持了下来。可能就是这种执着让我感受到了做老师的幸福吧！

【反思】

这个故事发生后，我反思了很多：作为老师，我觉得首先最根本的一点应该是有爱心。无论你的学生怎样，我们都应该爱他们，关心他们，让他们感受到我们对他们的爱。我想如果没有爱，我不会试图改变他，也不会坚持下来，更不会收获幸福。第二，要有平和的心态，不要情绪化。刚开始看到他玩手机时似乎我不应该上去就狠狠地批评他。作为老师，我们应该具有宽容之心，毕竟他们还只是15岁的孩子。我批评了他，他的自尊心也会受到伤害。这点要求我必须积极地学习相关的心理学知识，尤其是青少年的心理学知识。掌握他们关注的事情，了解他们的内心对于我们班主任教师显得尤为重要。心平气和地解决问题比谩骂更加有效。第三，处理学生问题讲究方法技巧。和学生们的相处是有技巧的，一方面你要让他们敬畏你，这样才可以维护你在班级的威信，才可以更好地稳定班级；另一方面，还要学生们爱

第一辑　爱是一道光

你，喜欢和你在一起，喜欢和你沟通，遇到困难向你倾诉。做到这点，还是要不断地了解学生，和学生们打成一片。第四，教育引导学生是一个伟大的工程，千万别试图一蹴而就。教育人估计是世界上最难的事情吧，因为人是有思想的，而且他会随时变化。作为新时代的教育者，应该时刻有着这样的心理准备，教育学生要付出很长时间的努力才会有效果，刚开始的时候可能会遇到挫折，可能孩子们不懂我们，但只要坚持下去，一定会有效果的。当您的学生若干年后回来看您时，那才是一种真正的幸福！

自由散漫同学的约束管理

赵 倩

小月、小尧、小宜是三个很有个性的女生。平时经常迟到，上课睡觉，晚自习说话，还经常和同学发生口角。特别是一次课间操时，她们三个发生了激烈的冲突，其他同学都没有办法做操，全班的秩序都被她们搅乱了。小月，喜欢时尚穿着，虽然要求必须穿校服，但她总是会在校服上加一些装饰。鞋子也很另类，一贯的我行我素，独来独往。小尧和小宜是很好的朋友，她们总是结伴而行，一起迟到，一起上课睡觉，一起晚自习说话。她们都有一对大眼睛，一头短发，穿着也很相似，班上的同学都叫她们"双胞胎"。但是这对"双胞胎"的亲密关系没有起到很好的作用，反而相互影响，相互牵连。她们的自由散漫在班级内部造成了不良影响。她们大错不犯，小错不断，对其加以约束和管理，对于班级整体情况的改善具有事半功倍的效果。对于她们自身的成长，也会起到很好的作用。

我想，引导她们升华追求是改变散漫的科学途径。要更多地注意她们的爱与归属需要、尊重需要，淡泊她们低层次的生理需要，使她们追求获得同学老师的爱，追求自己在同学心目中的位置，也就是促使她们自尊自爱。这样一来，她们就能够主动地约束自己的行为，就会做出一系列遵守纪律、认真学习的行为。

另外，向她们讲解集体生活的最简单道理。一个人总是生活在人群当中，不是自己想做什么事情都可以做。像是上课想说笑话，同学都在听老师讲课，如果大家听你讲笑话，就听不见老师讲课，这事就不能做。想讲得等下课的时候，休息的时候。那么，上课时候想讲笑话怎么办？那就得忍着，这就是自我约束。在集体生活中必须能够自我约束，如果总是随随便便，影响大家学习，大家就会不喜欢你，看不起你，就不会把你当朋友，等你有了困难，别人也不会出手帮助你。你想让这样的事情发生吗？不想的话，就要管住自己，做什么事之前想一想，会不会影响到别人。

当然，老师说服只是一个教育环节，即使学生听老师的话，也很难改变其已经形成的习惯，老师讲的道理还需要得到周围同学的认可。

如果同学对她们的行为默许，甚至还支持，就否定了老师的说教。所以，教育散漫学生的同时，还必须教育大多数学生。如：她们逗，有人就笑，她们说，有人就理，她们玩，有人就看，都是对她们不良行为的支持和鼓励。只有对她们的行为表示冷漠态度，才能促使她们转变。对个别学生加以劝导也是对其他学生进行品德教育的时机。

思想认同之后，还要在制度上进行保障。因为就算学生对自己的行为有了正确认识，但是，遇见问题总会不自觉地遵循已经形成的原则，这叫"思维定式"。所以，不但教师自己需要时时提醒，还要动员周围同学主动进行帮助和监督。当他们不能很好约束自己时，要进行适当的惩罚。

鼓励散漫学生自己制定办法进行约束，让她们主动在桌上放一张提示小条：管住自己才是成熟的人。同时让周围同学监督，只要发现她们有随意行为，在不影响课堂教学正常进行的前提下，进行提醒。如旁边的或后面的同学轻轻拍她一下。

当有了进步，师生及时肯定鼓励。注意说的是"师生及时肯定鼓励"，而不仅仅是教师鼓励，原理就是情景效应、从众效应，在她们周围形成一种热烈气氛，让散漫学生不得不随大流进行转变。

如果可以的话，我们还可以事先与她们的父母取得联系，了解她们在家的表现，特别是优秀的表现，结合在学校的表现，将这些优点写在贺卡上，送给她们，并且告诉她们，她们身上有很多优点，父母、老师、同学都很喜欢她们，只要改掉一些散漫的坏习惯，她们就可以更优秀。

经过一段时间的调整和管理，她们三个的行为有了很大的改善，"散漫"的行为越来越少。小姑娘们越来越可爱了。大约经过半个学期终于有了非常明显的变化。这三名学生高二时基本上就和其他同学没有差异了。而且她们三个在高二和高三这两年学习比较努力，都考上了大学本科，她们的父母也专程来学校表示感谢。

通过这件事，我深深地明白，这种"自由散漫"的性格不是一朝一夕形成的，高中阶段才进行干预，着实太晚了。最好在小学完成教育的转变，在刚刚有散漫行为萌芽的时候就进行干预。随着年龄增长，这种行为越来越多，越来越形成习惯，要扭转是一件很困难的事情。从发现她们有"自由散漫"行为到采取措施，产生转变，再到最后大大改善，经历了很长的时间，我花了很多心思。虽然最后取得了很好的效果，但是教育成本太高。

　　回望这三名学生的家庭教育，父母的缺失比较明显，她们都是由爷爷奶奶带大的，平时很少和父母亲在一起。爷爷奶奶对她们比较娇惯，父母又对孩子的过失行为失察，导致问题越积越多，毛病越累越大，在高中阶段都不能很好地控制自己，对他人造成影响。在约束她们行为的时候应该加强和她们父母的联系，让父母多多参与孩子的教育，毕竟父母才是孩子最好的老师，终身的老师。孩子们是非常重视自己在父母心目中形象的，父母的关注会让转化"散漫"更高效！

　　要取得一项教育成果，需要很多人的参与和配合，包括待转变的同学、学生家长、周围同学、学校各部门等等，这是一项复杂的工程。在学校"尊重的教育"这一理念指导下，我们的班主任们不放弃任何一名学生，为了他们的终身发展保驾护航！

俯仰之间——师亦生也

杨 成

从学生到老师，这是一个角色的换位；从仰望到俯视，这是一个视角的改变。我愿意转换我的角色，我知道，参加工作后我的角色是一名教师，一名班主任，但我愿微笑着，以朋友或者兄长的身份，从容、坦然、真诚、友善、宽容地走向你——我的学生。

故事一：换位思考

第一次带班，我由于经验不足，年轻气盛，碰到学生不守规矩，难免发脾气。但发脾气的效果往往并不好，看到孩子眼神中的抵触与无辜，自己很难过，孩子也不开心。我向身边的同事请教，她告诉我，一定要多站在学生的角度思考和分析。比如学生早读的时候趴在桌上，你不要不分青红皂白就责怪他，而应该用温和的声音先问问他："怎么回事啊？"学生在和你的眼神交流中感受到你的关切，就会跟你说实话。

于是，当又一个早自习，小杰早读课睡觉时，我走过去关切地摸摸他的头，他抬起头歉意地望着我说："老师，对不起，我今天起晚了，没有吃早餐，胃痛不舒服。"我没说什么，拍拍他，下楼帮他买来一份早餐。接到早餐的时候，小杰眼中满是惊讶与感动。这件事在全班传开了，同学们都认为我很有人情味，和我亲近了许多。看，抓住难得的教育契机，就能收到四两拨千斤的效果。

故事二：恩威并施

前段时间班级纪律不太好，有天晚修，两名学生一直在说话，我当即把他们请出教室，严厉地批评了他们，全班都听见了。整个晚自习，他们被罚站在走廊上，我在一旁为其他学生答疑，他们一直表现得很老实。下课后，我把两个孩子叫来办公室问道："刚才怎么啦？是不是不适应啊？高中课程很难，是不是不懂在讨论啊？"

看着我善意的眼神，孩子们紧张的情绪缓和下来。他们说："老师，对不起，我们确实在说闲话，我们错了。"我清楚地表明了态度：坚决不欢迎同学在晚自习时吵闹。同时逐一给他们分析道理，让他们充分认识到个人和集体的关系、自私的人和社会人的区别，孩子们露出了愧疚和后悔的表情。第二天，他俩来办公室说："老师，我们想好了，我们以后说话，只写在纸条上，绝不影响其他同学！"当面立威，背后施恩，我也开始运用教育的智慧了。

故事三：两难选择

有一名学生，长期迟到早退，导致班级经常被扣分。对于这个外表顽皮、内心顽固的小孩，我办法用尽——让他在班级做出承诺，让同寝室的同学押送进班，让女孩子们每天监督……都不管用。一天早读，他又背着书包姗姗来迟，我忍无可忍，将他堵在门口。四目相对，他低下了头。我对他说了一句："陈明健，你到底是做不到还是不想做？你回去思考一下，必须回答，下课后来找我。"下课后，他缓缓地走到我座位边，也不说话，很犹豫的样子。我简单地丢给他一句话："两个选项，你选，想好了告诉我。"他当然不想说做不到，那是藐视他自己，更不敢说不想做，那是藐视我。所以，他思考了半天，说出一句话："老师，以后我决不迟到早退，为班级抹黑。如有违反，就像这个——"他拿起桌上一张纸慢慢撕了个粉碎。从此以后，篮球场上再也没有了他的身影，班级又多了一个认真自习的同学。看，这也是教育的智慧。

写下这篇文章之前，我又带了新的班级。在同事笑称我为"主任"的时候，我也不折不扣地履行着做"主任"的义务。最近学校修建跑道，课间操做武术操，我亲力亲为，自己学会了武术操，每天都在班级的队伍前面示范而不是监督。没有转身，我也能感觉到身后同学们认真做操的劲头。

在仰视和俯视之间，还有一种状态是平视；在老师和学生之间，还有一种关系是朋友。感谢我的班主任生涯，让我懂得了更多。

用爱抚平你的伤痛

何雅文

我刚参加工作时，负责高一的英语教学。开学不久，我们班的班长李奇就给我留下了深刻的印象。他上课发言积极，所用的词汇量明显超过了班里的其他同学。因为英语好，他还自荐担任了英语课代表。课后他非常活跃健谈，是老师的得力助手。

一晃两年过去了，同学们都进入了高三这关键的一年。有几天，李奇的座位却一直空着，我问班主任，班主任告诉了我一件不幸的事：李奇的父亲病逝了。听到这个消息，我非常难过。李奇的父母中年得子，今年都已经50岁了。父亲在东北工作，母亲是家庭主妇。为了他的学业，母亲和他在学校附近租了一间小房子生活。少年丧父，这是人生最悲痛的一件事，我真担心他会承受不了这个打击。而且，他的父亲原来在政府机关上班，家里只有他一个孩子，日子过得还算宽裕。现在家里的擎天柱突然倒了，光靠年过半百的母亲，以后的生活也是难题啊。

有一天，李奇回来了。那天，我正在讲it的用法。讲着讲着，屏幕上出现了一个句子翻译："他父亲去世的消息让他很难过。"看到这个句子，我心里咯噔一下，糟了，这不是往李奇的伤口上撒盐吗？当时我心里特别懊悔，只怨自己备课时考虑不周。我迅速尴尬地把那个句子讲完，接下来的课匆匆忙忙地过了一遍，再也不敢往那个座位上看。可是李奇依然像没事一样，下课仍用笑脸与老师、同学们说话，让人根本看不到他内心的痛苦。他的这种"坚强"让我很吃惊，可是他红肿的双眼和上课越来越迷茫的表情还有一落千丈的成绩让我知道，他只是想用微笑来伪装内心的痛楚，他不想用父亲的去世来博得他人的同情和异样的目光。

一个周末的下午，我找到他。在只有我们两个人的时候，我说："李奇，我知道你心里难受，想哭就哭出来吧。"他看了我一会儿，眼泪慢慢地流了下来，他说："老师，其实我很难过，但是，看到妈妈花白的头发和憔悴的面容，我只能强作欢笑。"那天下午，我和他来到了他们母子临时租的房子里，和他母亲聊了一会儿，偷偷放下1 000块钱，然后走了。当时，我们班还有一个女生担任英语课代表。从那以后，我经常带着他们俩一块出去吃吃饭，让那个女同学也多和他聊聊天。

　　一个多月后，他上课的状态有所好转。我主动找到他："李奇，现在你就是家里的顶梁柱了，妈妈年纪大了，你也马上就要升入大学了，我给你补补课吧。"他感激地冲我点点头。于是每天下午，我都在办公室帮他补半小时的英语。慢慢地，他的成绩又上来了，脸上有时也能露出真正的微笑了。

　　高考结束后，他考回了东北。进入大学后，他给我写信："老师，谢谢您用爱心帮我度过了生命中最困难的阶段。我回东北了，那是我爸爸在的地方。"

真情的力量

吴白丽

　　班级中除了我抑扬顿挫的声音在飘荡外，还有学生们在默写时"沙沙"的笔声。再过几天就要进行第一次模拟考试了，我带着学生们向英语基础写作进军，现在已经到了最紧张的时刻。我用目光扫视着整个班级，看着每个学生都在埋头认真书写着，心中涌起一种满足感。

　　但当我向左边角落看过去时，发现李小良同学用两支圆珠笔在奋笔疾书。直觉告诉我，他正在做其他学科作业。"他竟然敢在默写时做其他事情！"气愤难耐的我大踏步走了过去。

　　李小良正沉浸其中，丝毫未察觉我的到来。直到我到他身旁伸手拿本子时，他才如受惊的小鹿迅速抬起头来，握笔的手僵在那里，不知所措。果然，摊在上面的是数学作业本，英语默写本搁在下面，一片空白！一瞬间，一股无名火直窜向我的胸口。

　　但心中有个声音告诉我：控制住怒火，我还有更好的方法处理这件事。我深深吸了一口气，拿走李小良的英语本，不动声色地走向别处，并没有惊动其他同学。待我再看向李小良时，只见他趴在桌子上！他用沉默进行对抗。我明白，此时不是教育的时机，我决定按兵不动，待课后再解决。

　　下课后，我把李小良叫到了办公室，一场对峙开始了。我不语，他也不说话，头撇向一边，一脸无所谓的样子，空气在凝固。我该怎么做？拿老师的威严严惩他，义正词严地罚抄？事情也许会很快解决，但学生能真正信服吗？下次是不是还会重犯？

　　我又想起了刚开学时，因他学习习惯不好，我要求请他家长到学校，他急得跳了起来。这是个比较特殊的学生，父母晚年得子，教育方法不够妥当，太过呵护，也太过寄予厚望，以致学生的个性有点儿偏执。

此时临近模拟考试，小良也迫切想拿出优异的表现，但心太急，太过焦虑，才发生了这种捡了芝麻丢西瓜的事情。迅速分析完现在的状况，我换了比较温和的语气："快考试了，是不是觉得最近数学有点儿难，跟不上啊？"我看到他眼里闪过一丝惊讶，他应该是觉得等待他的是一场暴风骤雨，没想到却是晴空万里、风和日丽。他的语气也软了下来，"是啊，老师，我觉得自己的数学最近有点儿退步，心里很着急，怕考不好，所以就只好用英语课的时间写数学作业了。"

找到了问题的根源，解决起来就轻松多了。我帮李小良调整了一下情绪，跟他一起探讨了一下有效的学习方法，并叮嘱他科学安排时间，制作出计划表等等。末了，李小良看着我说："老师，我原先还打算不来办公室的。现在我很庆幸自己来了，很有收获。谢谢老师！"

我望着他微微一笑，"回教室吧！期待下次与你再次研究好的学习方法！"

那一天，我觉得无比美好！

用"宽容"的爱培养学生

李淑梅

"教师的工作非为既往，也非今天，而专为将来。"

——蔡元培

　　教学是科学，也是艺术；育人是责任，更是使命；学校是学生学习知识、培养能力、滋养精神、砥砺品格的场所；高中学段是学生一段充满挑战、饱含惊喜、洋溢着温馨，令人百感交集的人生旅程！教师工作虽然辛苦，但很充实；虽然清贫，但很幸福；虽然平淡，但富有挑战。因为"如何使我们所面对的这一个个鲜活的、各不相同的生命个体绽放出最绚丽的生命之花"这个课题，是值得我们用一生去探索、去研究的。众所周知，班主任在学生全面健康的成长中，起着非常重要的作用，教师不仅是知识的传授者，而且是青少年学生健康成长的指导者和引路人。要想当好学生的导师，促进学生全面健康成长，班主任必须加强自身修养。

　　有这样一个故事，一位农夫住在山坡上，一年四季都用两个罐子挑水，其中一个水罐买来时就有一条裂缝，另一个则完好无缺。好水罐总能把水满满地运回家，而有裂缝的水罐回到家时水就只剩半罐了，因此那个可怜的有裂缝的水罐总为自己天生的缺陷而感到惭愧。农夫知道后，就对它说："你不要难过，在我们回家的路边开满了美丽的鲜花，难道你没有注意到这些花只长在你的这边，并没有开在另一个小罐子那边吗？这是因为我知道你有裂缝，就在你的这边撒下了花种，每天我们从小溪边回来的时候，从你的裂缝中渗出的水就可以浇灌这些花。这山上的小路很多，却没有一条与我们走的这条一样，只有一边开满了鲜花。"有裂缝的水罐听了，高兴地笑了。这件事让我深有感触，农夫用自己的"偏心"帮助有裂缝的小水罐丢掉"自卑"，从而使小水罐的生活充满阳光和快乐，他的这种心计，谁能说不高明？在我们的教育过程中，又何尝不需要这种有宽容的爱呢？那些学习有困难、性格有偏差的学生，不就是一个个的小水罐吗？

　　刚刚开学不久，许多事情千头万绪，都要尽快地梳理出来，要熟悉自己所教的学生，尽快地叫出自己所教的每一个学生的名字，建立好班级的第一届委员会、团支部等，了解并要在班级坚定不移地践行学校的各项常规管理，了解学生知识的基础和思想动态等。在开学一周多的时间里，毛星晨同学给我留下了深刻的印象。刚刚接高二（16）班时，我知道班级的电教委员需要由有较强的电脑操作能力的学生担任，并且要坚定不移地执行学校的常规规定，我通过几位教过毛星晨的老师了解到，他很聪明，并且有十几年玩电脑的经历，所以我就宣布班级的电教委员由毛星晨同学担任，但是在班级的电教常规管理方面毛星晨同学总是做出不符合学校常规的举动：第一天，间操时忘记关掉班级的灯和电脑平台；第二天，忘记关掉电脑平台；第三天，又忘记关掉电脑平台。连续3次学校检查，班级都被点名批评。当时我深深地感到自己选人不当，多年的班主任工作经历告诉我，自己遇见了"麻烦"的学生。通过了解，我知道了毛星晨在同学们上间操时在上网，而我们全班的同学都在上间操根本不知道他在做什么，同学们那几天都是怀着低落的心情从操场回到教室。我在第三天的班级小结上告诉同学们要宽容毛星晨同学的失误，我说："毛星晨同学忘记关电脑了，不会有下次了。"可我当时的感觉就是：真想将他换掉，再另选一个电教委员。但是，当天我在批改作业时，意外地发现毛星晨同学将自己作业中的错误给改正了过来，并且非常认真，全班同学只有他认真地改正了自己数学作业中的错误！我还无意中发现，在其他的科目中，他的作业还受到了老师的表扬，并作为优秀作业在班级进行了展示。我突然意识到了学校"静待花开"的教育、教学理念，我要等待毛星晨学生的改正，包括他的言行举止，也要等待每一位同学在思想、班级工作以及学习上的进步。我在当天的晚自习上组织召开了临时班会，谈到了班级要再选一位电教委员，这样也可以帮助毛星晨同学及时地改正错误，不为班级的常规管理丢分。我非常委婉的建议得到了班干部的一致认同。在学校第五天的第八节自习课上，我发现毛星晨同学没有在班级，我很纳闷，难道学校又有会议？还是他去了学校的排球队进行体育方面的训练，或是对自己的表现感到愧疚？等到了第九节课的时候，

第
一
辑
爱
是
一
道
光

我看到了毛星晨同学返回了班级！我把满头大汗的他叫出班级，问他到哪里去了。他说有些不舒服，去了校医室，然后自己在校园里散步。我很奇怪，同学们都在珍惜时间进行学习，每天都有做不完的作业，而他却可以在学校正常的学习时间出去散步！我真想把他叫到班级中让他向大家说清楚，可我又看到了他内疚的眼神，我想他可能是还没有完全地熟悉高二（16）班这个集体，感到孤单吧？我只是说，有事一定要让老师知道，和老师请假，有困难一定要和老师或者同学说，不要压在心里；又和他谈了在新学期接受新挑战，注重学习方法，要学会适应新班级、新同学、新老师、新环境，尽快地融入班集体中去等等。

第二天，在我的数学课上，电脑突然不能运行了，而这时毛星晨同学马上从座位上走到讲台前，迅速地解决了问题，全班同学都向他投来敬佩的目光，我也在这时看到了一个自信的毛星晨。他虽然还有这样或者那样的缺点，但他也有许多优点，我们教师要多从他的优点中逐步给他改正错误的时间和机会，用宽容之心"静待花开"。这以后，我经常与毛星晨同学谈话，及时了解其思想动态。现在的毛星晨同学正在不断地纠正自己的不足之处，与同学们一起每天愉快地学习、生活。我知道，像毛星晨这样的学生犯错的概率还是很高的，但是我一定要以"宽容的爱心"等待他们的改正。

班主任和学生谈话是心与心的碰撞，情与情的交流。谈话成功的前提是班主任对学生的全面而深入的了解。要针对不同学生运用不同的方法，讲究谈话艺术，把话说到学生心里，让学生真正感受到你对他的关心、爱护，从而心悦诚服地接受你的教导，倾听你的批评，最终取得良好的教育效果。

当我们能真正地爱护、关心、帮助学生，并做学生的朋友时，师爱就成了一种巨大的教育力量。正因为师爱，教师才能赢得学生的信赖和尊重，学生才乐于接受教育，教育才能达到良好的效果。要热爱每一名学生，用自己丰富的学科知识和高尚的人格去影响学生、引导学生。班主任工作是一项需要，也值得全身心投入的工作，它需要我们用心去做。它同时要求我们与时俱进，勇于创新，因为我们的教育对象在不断变化，社会在不断变化。但只要我们从"爱"出发，用"心"去做，就一定能做好班主任工作。

雨 过 天 晴

阳朝晖

"老师，男生寝室又扣分了"，一天早读时，男生寝室负责人急匆匆地跑到讲台前告诉我。

"谁啊，是又有人没扫地吧，昨天才说过这事"，我表情严肃地追问道。

"不是，是有男生和生活老师干起来了……"

听到这儿，我不禁心头一惊，好家伙，看不出来我们班还有这等牛人，看来我今天一定要将这个学生抓出来，好好教育一顿，再让他写检讨，停他课，叫家长，让他回家反省……

我在头脑中搜索着所有可能用到的处理他的办法……

"319寝室有三个男生把被子丢在地上，他们还把宿舍的洗漱用品等能破坏的东西全砸在地上。"

看来事情远比我的理解还要坏，我一声怒喝，"319的男生全给我出来……"

话音一落，我就气冲冲地走到走廊上，摆好架势，准备好好教训教训这群不守规矩的家伙。

左等右等，六个人住的男生寝室，就出来三个人。

不用多想，眼前的三个都不是我要训斥的人，那三个小子根本就没理会我，都没出来。

"给我出来"，我冲到教室，扯开嗓门叫喊着。

早读停了，学生们全看着我，我盯着那三个小子。

"凭什么要出去啊，为什么老师该管的不管啊"，三者之一的陈姓同学回应道。

全班同学都回头看着这位坐在教室最后面的学生，他，平时吊儿郎当，我眼中"大错不犯，小错不断"的典型代表。

气氛紧张起来了，我要控制不住场面了。

气不打一处来，我愤怒了。我对三人说，"其他两个来我办公室，你"，我指着另外一名学生说，"等下让你爸妈来把你带回去反省。"

"老师，我们是有错，但我们的实际问题您也要解决啊，我们在寝室确实没法活了。"比起我的紧张，他俩不紧不慢地说着。

看着他们诚实的面孔，坐在办公室，我逐渐冷静下来。

看来这件事，我还得去一趟寝室实地调查。

来到寝室，不用说明来意，生活老师就拉着我说起来了。

事情的原委是这样的：319寝室靠近卫生间，一中午都有学生的脚步声。楼上是高三的学长，他们中午拍拍球运动运动，更要晚睡早起……整天轰鸣不断，根本没有一个安宁的时间，和生活老师反映过几回，也还没有改善。正好今天声音特别大，319的三个小伙子实在憋不住，爆发了……

事情按照预期计划进行着，和生活老师几经沟通，找学校生活主管反映，找同楼层班级和楼上班级班主任商议。忙完两节课后，回到办公室，准备再对那两位同学进行批评教育时，我发现情况变了。三个人全来了，端坐在我办公室，桌子上有一封道歉信，满脸可怜地等待着我的"审批"。

后面的故事就更常态化了，我没有再批评他们，只是在讲事情的解决办法和过程，只是在梳理他们的委屈。

"我道歉，作为班主任，我没有过早地关注这些问题"，我话音刚落，学生便接上了："我们错了，我们应该通过正确的渠道去反映问题，不应该给老师找麻烦，给班级抹黑。"

事件在冲撞中发生，在平静的背景下谢幕，它的出现让我意识到自己要多关注学生的学习生活，多走近他们，走入他们的心里，做他们的"帮"主任。

泪，也是一种武器

吕颖峰

"小羽，小羽"，漆黑一片的操场上回荡的是我焦急的呼唤，空无一人的教学楼道中是我快速奔跑的身影。前面好像有人影，我快速跑过去，结果是风吹动的树影。校园已经被我快找了个遍，仍然不见他，门卫说没有人出去过，那他到底去哪里了呢？我的心揪得一阵一阵的疼，长时间的奔走，我已经筋疲力尽了，蹲在地上，泪悄悄地掉落……

时间锁定在2007年的小年夜——那天是学校补课的日子，并没有因为小年而取消晚自习，而当天正好轮到我值班。同学们还比较听话，都在安静地看书学习。我踱着小步，在教室里巡视着。走到小羽身后时，我的脚步停下来了——他正在用电子词典玩游戏，很投入，一点儿也没觉察到我的存在。终于通关成功，他略带一丝兴奋地抬头，正欲舒展一下——目光直接与我相遇。下意识地，他把电子词典收进了课桌，很紧张地看着我，旁边同学也一下全都注意到这边的情况，齐齐地把目光投了过来——老师打算怎么处理呢？要知道，他是我们班数学成绩最优秀的，是我在班里最欣赏的。他聪明伶俐，是个干净帅气的大男孩，班里的同学、老师都很喜欢他，而我更是对他倾心相教。为了帮他准备数学竞赛，我每晚单独培训他一小时；我为他专门准备学案，以便更贴合他的实际；我甚至帮他收集英语、语文资料，让他可以更轻松、更有效地进行这两科的学习。可是，我一直就是一个在生活中很随和，在学习上很严格的老师，几乎所有的学生都觉得课上课下的我完全是两种样子——我对学生在课堂上、在教室里的违规行为零容忍，越是我喜欢的学生，我要求就越严格，所以对他我一直是以高标准来严格要求的。当时我虽然很生气，可是并不想把事情闹大，只是压低音量，严厉地对他说："电子词典，交出来！"没有一丝可以商量的成分。平时乖巧可爱的他却没有如我所愿地交出词典，只是低着头，不敢直视我。全体同学都诧异了，面对一贯严厉的我，一直听话的他，同学们都安静下来，教室的气氛紧张至极。我站在他面前大约三分钟后，继续往前走。我知道此时的硬碰一定会造成不可收拾的后果。我在想到底应该怎么处理这件事情。可更令人意外的是，他竟然站起来，走出了教室。五分钟过去了，他还没有回来，我实在担心得再也坐不住了。于是我跑出去，在校园里四处寻找。

泪一旦滴落，似乎就无法控制了。我慢慢地哭出声来：为什么我要放弃内地高校稳定清闲的工作，跑到深圳这个举目无亲的陌生城市？为什么我原来的学生那么乖巧听话，明白老师的心意？为什么我对他付出那么多，他却一点儿也不领情？为什么他今天如此的反常？他到底出了什么问题？他去哪里了呢？我由开始的委屈愤怒，慢慢地改为担心忧虑……我站起身，擦干泪，继续寻找……忽然，我看到一个人影急急忙忙地朝我这边跑来，近了，近了，原来是他。我当时一下冲上去，牢牢抓住他的手，好像他会再跑了一样，没等他开始说话，我的泪再一次涌出来："你去哪里了？你干什么呢？如果你不喜欢我做你的老师，我明天就去学校申请，要么你换班，要么我换班。我平时对你不好吗？你说跑就跑，你知不知道老师会担心？老师也是人，也是有情感的，是需要被照顾的，你怎么可以当着全班同学的面这样对待我呢？"我是真的生气了，那一瞬间，我想只要找到他，把他交到学校，我就再也不管他了。显然，他也吓到了，懵懂地看着我，任由我一直哭……终于，我的情绪稍微平复了一下，放开了他的手。他从口袋里拿出纸巾，递给我，我接过来，说："对不起，吓到你了吧？可是你想想，你一个人跑了，这么久不回，我能不担心吗？我刚来深圳不久，来这所学校不久，其实我压力超大，每天走在大楼林立的城市中，却没有一点儿东西是属于我的。在这里我没有亲人、朋友，我只想教好你们，可我还是失败了。我真的好累。"他可能没想到平时那么高高在上的老师会对他这么说。他只是低着头，一句话也没有说。晚自习结束的铃声响了，我让他赶紧回家。他不放心地说："老师，你呢？"我说："当然回家了。"

第二天一早，办公桌上放着一封信，是他写的。他向我道歉，告诉我他家里出了一些状况，所以他心情不好。他还告诉我，我是最好的老师，要我加油。信不长，最后说为了赔罪，请我吃中饭。中午，我们坐在麦当劳，营造了更好的谈话环境。我们不像师生，更像朋友，倾诉着彼此的想法。我终于知道，其实我对他的关爱给他带来的有动力，但是更有压力。而严格的要求，更让他觉得，除了服从，不知道还可以怎样表达自己的意见。他对我有尊重，有敬佩，尽管也有轻松说笑的时候，可总缺乏一种可以交心的感觉。经过昨晚，他才知道，原来老师也是人，也有脆弱的时候，害怕的事情。他觉得不仅老师可以照顾他，他也要照顾老师。

后来？我只知道，我们仍然不断地会有各种摩擦，可是他再也不会跑了，他会在我真的生气时，照顾我。我只想说，有人照顾，真的很好！

用心用情期待质变

胡顺魁

我一直认为：教师对学生的感化是有限的，教师所能做的是把以下事情常态化：努力寻找好的时机去激励、启发、点拨学生，以期引导学生从幼稚趋向成熟。

谨以下案例来证明我的观点：

开学不久的一天，突然接到学生处的电话，说我班的甲同学打了另一个班的某同学，叫我联系他的家长来学校沟通有关处分事宜。

高一时我教甲同学他们班的数学，在我的印象中，他是一个顽劣但有灵气的孩子。他似乎挺信服我，所以我对他还是有信心的，但其实我对他之前顽劣的一面了解得十分有限，渐渐地才发现：他发梢抛洒着金黄从不打扫卫生（无论是教室还是宿舍），从不叠被子，从不按时起床，常迟到、不交作业，除了他深爱的篮球，其他的集体活动一律不参加……记起自己高中时的顽劣，我深知对于这种类型的学生，简单的说教没有任何意义，常态的检讨和扣分不会伤其皮毛，对他的转化过程自然是漫长而艰辛的；唯有反复地创造条件寻找时机触动他的内心，让其认识到自身的幼稚才可以有根本的转变，因为在他的观念中：慵懒是才华，而染色的长发是潇洒与个性的体现。我要做的是促使他改变错误的观念！

一方面我多次与其长谈：关于高中，关于人生，关于与同学、班级、学校的关系，我曾多次提及我高中时的痴顽以拉近我们之间的距离，然后跟他谈后来我对才华的认识及对社会主流意识的认识，使其认识到现在的思想需要改变。

另一方面，我充分利用学校的规章制度规范他的行为，利用一切机会提高他的认识，譬如他在某次迟到后，按班级惯例会在规定时间内对全班同学说明迟到的原因，而且做出不再迟到的承诺。因为他很认同作为男生应该说话算话，所以我提示他应该兑现自己的承诺，这样一来，这种内化的力量促使他大大改变了常迟到的形象。

随着时间的推移，他在渐渐地改变，然而观念的彻底改变是十分艰难的，应该说他的行为和观念一直在量变，直到有一天他再次触犯了学校的规定。记得那一天上午我有四节课，他有些身体不适且特别想回家，第三节课间曾找我请假，我答应他第四节课后处理，然而直至上午结束，也没见他请假。下午1：00，生活老师打电话说甲同学没回寝室，几位老师一起找也没找着。原来他怀着一贯的侥幸心理，自己伪造了一张假条，迫不及待地出了校门……此次侥幸出门的结果以"留校察看"了结。当面对学校的处分，面对他母亲的眼泪、父亲的无奈时，他终于有所醒悟。从此以后，他开始主动打扫卫生，主动办板报，迟到时会感到愧疚，在班级的排球赛、足球赛上主动请缨，上课认真听讲，自习课主动学习，积极找老师问问题，成绩步步高升，这学期期中考试进步到班级第八名。而且这几天他还跟我探讨起高考数学难题的准备，我终于欣喜地看到了他的"质变"，然而引起他发生质变的引子怎么看都是那纸"留校察看"，那么我一直以来对其的指点与提醒以及同学对他的帮助与督促是否是其"量变"的主因，或多或少也是促其"质变"的重要因素呢？

其实这不重要，事实上我无法预期他在何时发生"质变"，我能做的是勤于发现、勤于感化、勤于指点、勤于沟通、勤于思考，以期"质变"提前到来。

为成长插上翅膀飞翔

刘 向

文理分班后我遇到了小展，一个看起来文静的女孩。班级情况调查时，她在表格中写道："我的学习一团糟，心里很乱，没有动力，学习没有方向，我恨这样的自己。"

她不安的情绪牵动着我。要如何来帮助她？一时也想不到好的办法，但我知道单纯的沟通肯定解决不了问题，激发她的内在动力才是关键。

刚好班级正在组建班干部团队，我想以她认真的学习态度，不如用学习委员的职务来唤醒她的责任意识。

"老师，我成绩又不好，你为什么要让我当学习委员呀？"

"学习委员并不一定是成绩优秀的孩子，但一定是学习态度认真的孩子。"

"学习委员就是一个虚职，没什么有意义的事情可做。"

"不是的，一个班干部如果觉得无事可做，那一定是他不知道自己该做什么。"

她最终接受了我的建议，她的成长和变化也从此刻开始。

我让她领导课代表，积极与任课老师沟通，去充分了解老师，真正做好老师与同学们的纽带，于是便有了"师生面对面茶话会"。

我让她从了解班干部的烦恼出发，增进班干部和同学们之间的理解，于是便有了"班干部的烦恼"主题班会。

我让她积极发动集体的力量，将学习能力最大化，以推进班级整体进步，于是便有了学习小组PK赛。

我让她学会及时舒缓自己，同时帮助同学们消解压力，于是便有了每晚"说说我自己"的演讲活动。

小展同学在活动中变得越来越自信，越来越阳光了。"班级的标杆，同学们学习的榜样，有正气，有向上的力量"，任课老师对她的赞扬越来越多。而她的成绩也由年级的300多名跃居到36名。

　　高考时她发挥得不错，考上了自己喜欢的大学和专业。临开学前，她给我寄来了一张明信片："老师，我始终记着您送给我的那句话：生活本来没有意义，但要为自己去确定意义。您给了我很多机会去锻炼自己，班干部的烦恼、自我分享、茶话会……有了这些经历，我才会成为更好的自己。我从您身上学到了很多东西，也知道了很多不足。您是我遇到的最好的老师和班主任。"

　　小展的成长让我感受到了教育的力量，但同样感受到肩负的责任。教育应该像奔腾不息的河流，虽然终会逝去，但永不停歇。只有这样，才能真正灌溉学生的心田，让其茁壮成长。

　　龙应台曾愤怒地质问教育，他对学校说："我给你一个孩子，你还给我一个怎样的学生？"今天我想说："你给我一个孩子，我会用智慧还给你一个会思考、有担当的优秀青年。"

第二辑

——

何不静待花开

第二次军训

贾倩

高二上学期。

某天，收到孩子班主任的短信："×××，您家孩子因为在班级诚信自律银行成绩最后一名，按学校规定要去重修军训作为教育惩罚，我希望孩子如果跟你闹，你不要退让，他诚信失分的原因就是上课睡觉，所以希望通过这次军训也锻炼一下他的意志品质，同时提高孩子的自律性。"

三天后收到班主任转来的我家孩子写给她的一封信，大意是说他得了最后一名，有受不公平对待之嫌，表示不愿参加军训，但可以用其他的修分方式作为补救。班主任再次表示希望家长能配合学校，不要退让。我们就孩子在学校近期的学习状态及社交活动情况、个性特点交换了信息，都赞同这次是一个好的帮助孩子"补短"的机会。

在孩子周末回家前，我同孩子的爸爸先行商议。孩子进入高二后，参加了学校的音乐社团，经常参加表演活动，还与几个同伴一起玩音乐，这些是得到我们认可的。高二学业还不算紧张，个人兴趣发展及社交学习对于这个年纪的孩子来说其重要性不亚于文化课的学习，上课睡觉主要原因应是之前孩子说过的"时间不够用"。孩子的学习成绩还保持在中上的程度，因为分心了，可能会有所波动，但还在正常范围内，所以跟孩子谈话的重点在于"如何学习承担结果"。我们分析，孩子不愿参加军训，可能是因为不想"当众丢脸"，而希望用更隐性的方式接受处罚。从这点可以看出他是认识到了自己的问题的。他是一个有独立思想、比较自我的孩子，喜欢用自己的方法处理问题，但对于"集体"来说，其实是需要遵守一些"规则"的，包括处罚的方式。

孩子回家后，为了减轻自己的责任，说服家长同意他不参加军训，"有理有节"慷慨陈述一番，说，"学校规则不公平，透明度太低，记名制度行事草草，有班委包庇同学现象"，"重新参加军训会为低年级学生立'坏榜样'，其他同学会对自己'贴标签'，产生偏见"。16岁的少年其实是半大小子，讲出的道理有时是似是而非的，但又那么的理直气壮。你当他是小孩，他又装大人，嫌你小看他了；你要真当他是大人了，他又会像小孩那样"耍赖"。但你又不能只用大人的权威压他，所以，我们耐着性子听他讲。

因为我跟孩子的爸爸之前已达成共识，我们将问题导向该如何接受处罚。为了不让孩子抓家长讲话的漏洞，主要由爸爸这个"理论老手"主讲，我附和，态度一致：你可以向老师表达自己的想法并争取想要的结果，但如果结果不是你希望的也要学习理解接受，毕竟这事情的起因还是你自己没有做好。孩子开始时嘴上还是表示肯定不会去军训的，到了晚饭时态度就变了，表示会接受学校的安排。

我将家里的谈话结果通过短信告知了班主任并达成共识。几天后班主任又找孩子聊天，关于孩子所说的军训会成为"坏榜样"，她给他举了一个例子："我上学期刚接高一军训，有两个高二的学长不知什么原因，在我们班军训。我第一次见他们时说，'你们年长，要多照顾学弟学妹'，还请他们帮忙拿行李。后来他们和我们班同学建立了很深的友谊，一点儿都没有负面的影响。所以，我也希望你在参加学弟的军训时能够像那个大哥哥一样，做好表率。"

参加军训那天，孩子已很坦然地接受了。回来时晒得黑黑的，军训期间做了教官的助手，得到了表扬，当然最开心的是结识了新的朋友。

【反思】

1. 学生"犯错"，不见得都是"麻烦事"，也是一个帮助学生成长，实现家长与学校教育"共力"的好时机。如何达到"共力"？每个孩子都是独特的，"个性"的家庭教育跟"共性"的学校教育，在处理个案时，如果双方能良好沟通，采用适当方式，便能达到最佳的结果。做到这点实质上不容易，家长面对老师权威，也基于尊重，会较单向被动地接受老师的意见，而不能真正做到流畅的信息交换。同时老师的素养是沟通的关键，因为家长会担心老师"不高兴"。

2. 高中阶段，除了关注高考外，还要同等地关爱孩子的生命成长。青春的叛逆，懵懂的爱情，脆弱的友情，对前途的迷茫，组成了高中生活的重要

第二辑　何不静待花开

部分。家长重视并适度帮助他学习处理这些好像与成绩无关的"杂事",是促进亲子关系的契机。

3. 常听说在亲子关系中最应该学习的是父母。人到中年,思维模式已定型,而孩子却是00后,这代人接受新事物的速度、个人意识及创造性思维将会与他们的父母"渐行渐远",当二者"交锋"时,"虚张声势"的权威并不能得到孩子的认可。如果权威没有了,对于一个高中生,父母想要在学业上对他施加影响,其实收效甚微。所以家长自我成长、提高认知,也会帮助孩子应对高考。

惊　喜

姜陆陆

从教以来，一直笃信这样一句话：教育是爱的共鸣，是心和心的呼应。如果你从来不曾付出真爱，一定难以体会个中真情。

那年6月6日，"为高考而生"的我如平常一般忙碌。上午一节课在10班，没想到同学们竟还记得我的生日！心想，不知道我那调皮的9班会记得吗？这样忙碌的考前的日子，他们就要为了自己的寒窗苦读书写一份实力的证明，那不如就用我的祝福，送他们一份惊喜！

下午上课时，我踌躇满志地走进教室，教室里窗帘都拉着，灯也没开，漆黑一片。我踏上讲台刚准备叫开灯。忽然，优美的音乐声响起，投影也亮了……雯子突然站了起来，大声地朗诵着："老师，我喜欢你讲课的样子，喜欢你认真倾听我们讲话的样子，喜欢你用你那清澈的嗓音唤我们'孩子们'的样子，喜欢你批改作业时，在上面一点点帮我们把错误标出来的细心，喜欢你，因为你对我们的爱！老师，生日快乐！"眼前是一张张幻灯片逐一闪过，欢乐的运动会，感动的班会，为每个人过生日……那些过往，那些感慨和叮咛，原来他们都记得！

小伊站起来："去年的6月6日，学姐学长们为你送上一份份惊喜，他们在微博对我说，遇见你，是他们这辈子最幸运的事情之一。"

小静接着站起来，大声念道："上课好老师，下课好朋友。我永远记得，运动会时，咱可团结了！你背小慧的场景，我到现在还记得……当我感到孤独、感到挫败，甚至想放弃的时候，感谢有你，一直陪伴。那些话语像冬日里的暖阳，驱散阴霾，让我们重新找到力量！"

黄伟站起来："我总觉得，班里有一种家的亲切感，尽管我们班可能不像您以前所带的班级那样优秀，但我们肯定比以前的学生更爱您！我们隔三岔五给您带来点儿坏事儿，但您总是包容我们，原谅我们，理解我们，不抛弃、不放弃，谢谢您！您是一个把爱和尊重都给学生的好老师，我们即使离别，也不会相忘于江湖！抬起头，窗外阳光正好，照耀在你我身上，让我们一起努力，向前奔跑。相信我们能在高考后，捧着成绩单在您面前，自信地，望着您欣慰的笑容。"

听着这些话语，我的眼前模糊起来，那共处的时光，历历在目……

想起刚接手时，他们的跳脱躁动、恣意任性，想起教师评价里那句"你不要跟学生玩心计"，想起为了喜欢的女孩跟别的男孩聊天就暴跳如雷来找我的××，想起换座位时竟要求离开班级的×××……那些对他们的教育，有时真的让我感觉疲惫不堪、心力交瘁，极度受挫。酸甜苦辣，就在这一刻变成欣慰，百般幸福。

我想，这就是成长吧。

最后一张幻灯片，我们的全家福……台下安静了，我对他们说："谢谢你们，亲爱的孩子们，感谢你们的用心，感谢你们的理解，更感谢你们真挚的爱。我也有一份礼物送给你们，是我献给你们的一首诗。"

那美好的一天，那惊喜、幸福的滋味，让我如此回味，也让我再次坚信：只有真诚的爱，可以打开一切，可以创造一切。

我的教育叙事

李淑梅

  自从8月13日开学到现在已经有一个月了，这一个月对我的班主任工作真是一种煎熬，因为我班毛星晨同学脚部手术出院，可以到学校上课了。他没有在学校的这两个半月来，班级的工作难度小了很多，许多学生和我开玩笑说："老师，你现在不用太操心了。"我问："为什么这样说啊？"学生说："老师，毛星晨没有来上课呀，所以班级就少了许多事情。"学生的话让我反思了很久，实际上我和班级的全体学生都很希望他回到学校学习，但是毛星晨的常规习惯真是和其他同学不一样，所以在班级的管理和班风建设方面我非常的苦恼，因为他总是我行我素，从不和学校与班级的规定保持一致，非要尝试着犯错误。有时我都在想，是不是他在逼着我发火呢？

  像这次学校规定的五项军规他就非常地抵触后两条，并且坚决拒绝执行，课间也在班级做了一些不好的宣传，我真是很无奈。有一天晚自习，我在班级讲学校的五项军规时他突然就从座位上站起来，把桌上的书摆到书柜上，并且慢慢腾腾。当时我被气得都站不住了，但还是忍住了没有发火，只是在班级批评了他，以正班风。而他这次居然没有和我顶撞，我突然感到毛星晨改变了以前的火暴脾气了。我从事教学工作已经有25年，并且做班主任工作就已经有17年了，还真没遇见这样的学生，我是真的非常的苦恼。后来我在课下找了毛星晨，和他谈了学校制定常规的必要，给他解释了没有严明纪律的集体是不可能在高考中取得好成绩的。至此，他对学校的这次军规在态度上有所改变。我又和他的妈妈沟通了孩子在学校的情况，他的妈妈很认同学校的教育，并且非常支持我的工作，从这一点上我还是有些欣慰的。毛星晨的妈妈周一晚上到学校又对他进行了教育，也给他讲了许多道理，他现在已经慢慢地接受了学校的五项军规。我从这件事上得到了一些启示：对待有个性的学生一定不能只是发火，而先要摸清学生的感受，再去做学生的思想工作，并且要和家长沟通好，这样借助家长的力量也可以解决一些问题。虽然没有彻底地消除毛星晨的这种抵触情绪，但是毕竟他在班级造成的影响降到一定程度了。

其实每一个学生都有他一定的优点，"天生我材必有用"，这在毛星晨的身上得到了验证。以前班级出板报时我曾听见毛星晨在低声地说板报应该怎样设计。上周二我知道班级又要设计板报了，主题是校庆五周年。中午我直接到班级看了一下，而毛星晨当时还没有去食堂吃饭，我就将自己带回的牛奶和苹果给了他。他只喝了牛奶，便对我说："老师，我也参加板报的设计吧，我来画学校寝室的遮雨棚好不好？"我说："你能画出来吗？"毛星晨说："老师，我以前经常写生，画画是我的强项！"我说："那你和同学们商量一下吧，若需要画你就画吧。"我看到毛星晨只是看一看学校的遮雨棚，就能画出来，并且立体感很强。我非常惊讶，没有想到，这么一个淘气的学生，会有这样的能力，并且有这样的集体荣誉感，既没有去食堂吃饭，也没有在寝室休息，并且将自己的一种特制的笔贡献出来画板报。我在感动之余又对他有了新的认识。其他的几位同学也和毛星晨一样，为班级设计板报牺牲了中午的休息时间，我同样感谢这几位同学。现在每当学生看到毛星晨画的遮雨棚，都心生羡慕，同时十分感动，因为同学们都知道他的脚中还有钢钉，有时都不能快走，也无法长时间站立，却坚持一中午为班级出板报……通过这件事，我认识到每一个学生都是有优点的，都有集体荣誉感，都是乐观向上的，老师要学会宽容学生的缺点，包容学生的不足，不要对学生总是批评，有时可以给学生一颗星星，那么你的学生可能就会回报给你一轮月亮！也许这就是教育的魅力吧！

改　变

黄烽圣

　　开学第一周，学校进行校风建设月活动，班上大部分同学经历了军训，都在努力地适应着高中生活。我信步走在走廊上，回想着这一周班上发生的点点滴滴，觉得一周的努力渐渐得到了同学的认可，面带微笑地走进了教室。抬头一看，发现有一个身影猫在那儿，专注地按着什么，手机，是手机！又是王同学，怎么总是他？我走了过去，严肃地对他说："把手机给我。"

　　王同学说："老师，我错了。"

　　"错了，我知道，但还是把手机给我。"

　　"下次不会了，给我一次机会，好吗？"

　　"王同学，我们学校实行寄宿制，带手机进教室是明令禁止的，刚刚学习了校规，你不知道吗？"

　　"知道。"

　　"知道为什么还带呢？"

　　几乎每个晚自习，安静的教室里总是回响着王同学的声音，班干部总是向我投诉他是怎样的不遵守纪律，怎样的影响他人。每一次投诉后，我找到他，他总是很诚恳地向我认错，可是过几天还是涛声依旧。鉴于他近期的表现，我几乎到了爆发的边缘，但我知道发怒只会让我失去师者的风范，只会让我迷失判断的双眼，只会让他越来越抵触我，远离彼此。俄国教育家乌申斯基曾说过："如果教育学希望从一切方面去教育学生，那么就必须首先也从一切方面了解学生。"作为教师，要想所有的学生对你多一份亲近、敬爱与信任，就需要主动去亲近每一个孩子的心灵，用他们心灵深处的能源，照亮他们的精神世界。

我冷静下来:"王同学,你出来一下。"他马上就跟我走出了教室,把手机给了我,却还是说道:"老师,我错了,给我一次机会好吗?"

我知道这是他的策略,机会我曾给他好多,可事后总是效果极差。我轻声问他:"高中生活,你觉得怎么样?"

"痛苦。"简单残酷的回答。

"还没适应?"

"是的。"

"可目前来看,高中生活是你成长中必须经历的一段。"

他沉默了。我让他回到教室,静静地思考着他的问题。我从侧面了解到,王同学是一个聪明但是很不幸的孩子,在他上初中成绩最优秀的时候,妈妈因病去世。爸爸工作很忙,他就和外婆一起住。不幸的家庭环境给这颗幼小的心灵蒙上了一层阴影,使他似乎对什么都无所谓。我了解到他与妈妈的感情很深,意识到他需要的是关怀,他做出种种不良举动其实是想方设法吸引别人的注意。所以在后来的日子里,我经常询问他家里的情况,并让他为我分担一些班务,让他觉得被关注、被重视。慢慢地,他学会了自律。有一天,他主动找到我说:"老师,高中生活也不是那么可怕。"看着他的改变,我由衷地笑了笑:"我只希望你努力进取,高中阶段感受到快乐就好。"

我想,我们总是欣赏那些优秀的学生,费尽心思关爱他们,可只不过是想以他们的优秀来显示自己的优秀;我们总是忽略那些落后的学生,吝啬对他们的情感付出,其实是不愿面对自己的失败。然而,优秀的学生因为自己的优秀并不觉得你优秀,让你感觉失败的学生却送给你最真诚的心里话。我暗暗下决心,当我再次走进教室的时候,要把微笑带给所有学生!

路在何方？

肖 英

下午放学时间，活泼开朗的小丽来找我：

"我发现我选择了生物这门我毫不感兴趣的学科，几次的月考成绩远不如以前，再加上有很多同学说学生物没有什么前途，还有像中山大学这样的重点学校都不招生物考生，而考入中大一直是我的梦想，我该怎么办呀？"

"你先坐下吧！让我来帮你分析一下。"我首先拉过一把椅子，微笑地说道。

"想上中山大学很好啊，这是很多人的梦想，我欣赏提前做好规划的孩子，只要敢想，什么事都可能发生。现在的问题是做好规划。"

她抬起头，一脸茫然的表情，低声说道：

"问题就是我该如何规划呢？我父母文化水平又不高，他们每周回家后对我说的都是要好好读书，给我的压力很大。回校后，我又喜欢参加朗诵、演讲比赛等活动，不能全心全意地学习，再加上找不到好的学习方法，总觉得自己比别人笨，结果成绩很不稳定，我到底怎样学才不是死读书呢？"

我拍拍她的肩，轻声道："一直以来，你在学习上悟性高，有潜力，英语学科的语言基本功不错。但我总是觉得你的心事很重，精力没有全部集中到学习上来，也就是说有点儿心浮气躁。心不静是学习的大忌。现在你已经选择了生物这门学科，就必须坚持，因为现在转已经来不及了，高二第一学期都快过完了，尊重自己的选择吧。目前你的首要任务是制订一个详细的学校学习和生活计划，包括每天几点上床睡觉，几点开始早读和锻炼，背多少文科知识，花多少时间在理科解题上，有多少时间进行自我复习、预习，不能为铺天盖地的作业所困。天下的学习方法千千万万，但找到适合自己的才是最好的。你可以多请教一下科任老师，由他们根据你的学习情况提一些建议，然后你可以花一些时间去尝试几种学习方法，争取在最短的时间里找到最适合你的学习方法。"

"看来我得好好想想我的计划了，我这个人就是爱好广泛，什么都想参加，每天疲于奔命。对我来说，学习和活动好像已经成了一对矛盾。"

"我很欣赏你能积极参加班集体或学校的各项活动，这样能锻炼自己的能力，何乐而不为呢？我记得几年前，湖北宜昌有一位女孩被美国的哈佛大学录取，秘诀就是她是市级优秀干部，并在各类比赛中多次获得大奖，交际能力很强。问题的关键是平衡好学习与活动的关系，学习上做到高效，活动中张扬个性。如果你目前的活动太多，可以考虑减半，把时间先匀到学习上。做任何事都是有得有失的啊！"

听完我的话后，她若有所思……

"老师，那你就看我的吧！"

这之后的小丽像变了个人一样，每天用心读书，快乐活动。看着她脸上越来越多的笑容，我由衷地为她感到高兴。

教师只有用真心去对待学生，才能换来学生的尊重和信任。

走进学生心灵

李 辉

  我的班里有个学生叫小海，他刚进班的时候表现很不积极，各科成绩也不突出。各位任课老师都找他谈过话，我也和他谈过几次，但成效不大，他始终是一副磨磨蹭蹭、漫不经心的样子，让我很挠头！

  就在我不知如何办的时候，小海的母亲打来了电话。正是这个电话，推翻了我对这个学生所有的看法。原来，小海家住在离学校不算远的县城，父母都没有文化，迫于生计，一直在外做生意，把他交给老人照看。一年之中全家人团聚的时间仅有两次——暑假和年假，加起来也就是一个多月的时间。孩子早就提出想和父母生活在一起。但给他办转学困难很多：一是父母生意太忙，无暇照顾；二是两地的教育不一样，一家人的户口还都在县城老家，将来高考肯定受影响，所以只能维持现状。

  了解完这些情况，我不住地自责。多么坚强的一个孩子！作为班主任，我不仅没有帮助他，反而在无形中给他施加了很多压力，自己是一个多么不称职的老师呀！

  经过再三考虑，我决定找他认真谈谈。随后，我把他叫到办公室，我坐下后对他说："你自己找把椅子坐下。"他站着不动。我又说："小海，你是不是想让老师一边仰视你，一边和你说话呀？"听了这句话，他才去搬了把椅子坐在我对面，但明显有些局促不安。

  我站起来，拍着他的肩膀说："你是一个真正的男子汉，老师太佩服你了！"他好像没有听懂，试探地问我："老师，我没有犯什么错误吧？"

  我盯着他的眼睛，一字一句地说："老师真的佩服你！"感觉到了我的真诚，他松了口气，又继续问："老师，到底什么事呀？"

我把他母亲给我打电话的事情告诉了他。

"小海，父母虽然不在你身边，但他们很关心你，很惦记你。他们常年出门在外，起早贪黑都不觉得苦！他们最大的愿望就是你能努力学习，将来成为一个有作为的人。"他低着头，眼泪吧嗒吧嗒地掉了下来。我没有再说话，我知道我的话已经触到了他的心灵深处。

我把纸巾递给他，看着他逐渐平静下来。我鼓励他说："老师理解你的心情，但你一定要更加坚强。我们在生活中都会感到无奈和残酷。你已经做得很好了，是一个男子汉。西安有许多名校，好好学习，将来到西安去上大学，再和父母团聚。"

他不住地点头，目光坚定起来。我又说："有什么困难，尽管找我，老师一定会全力帮助你，希望你不要让老师失望！"听到这儿，他的眼泪又下来了……

后来，我们还谈了很多，包括人生理想、为人处世等等，直到他彻底平静下来，我才让他回教室。

从那以后，他的改变确实很大。看着坐在教室里认真上课的小海，我既欣慰，又感到愧疚。我想，三年之后，他应该有一个不错的未来。

"没有教不会的学生，只有不会教的老师。"对这句话，我怀疑过，抱怨过！但是，现在我理解了这句话的含义。走进每一个学生的心灵，从心开始沟通，一切都将变得更加和谐，更加美好！

学生工作不能仅仅停留于言传身教，抓住问题的本质，才能事半功倍。光有一颗爱心，如果缺乏正确的方式方法，也没有效果。作为老师，我们要善于走进学生的心里，教育才能达到我们预期的效果。

他还只是一个孩子

严 菡

校运会的晚上，突然接到了男生宿舍唐老师的电话，他的声音无奈而急迫：你们班的锦鸿腿摔伤了，汗青想进宿舍，按规定这个时间段是不允许的……

我立刻打断了他的话：您说谁的腿摔伤了？

锦鸿。锦鸿？是明天要带领我们班去冲击400米混合接力冠军的锦鸿吗？他摔伤了，我们的团体总分第一名岂不是要拱手让给别人了？真是可恶，偏偏在这个时候偷偷跑去打球，太没有集体荣誉感了！

唐老师急促的声音早已打断了我的思绪，只听他说：我跟汗青说让他扶锦鸿先去医务室休息，谁知这小子急了，扬言说要把我从五楼扔下去！我一听急了，立马往男生宿舍跑！

迎面就碰上了满头大汗四处找我的班长，他急急地说：老师，锦鸿腿受伤了，正躺在楼道里呢！我愤愤地回了他一句：就让他在那里躺着！谁让他这个时候跑去打球的？班长一下愣住了，定定地看了我好几秒，不甘心地嘟囔了一句：他是为了不踩到我才受伤的……

我一口气爬上五楼，唐老师不在，汗青在铁门前打转，而那个所谓的罪魁祸首，耷拉着脑袋，斜斜地躺在过道走廊上。

我把汗青拉到了一边，问他："你这样对待唐老师，人家能给你开门吗？"他说刚也是着急，没管住自己的嘴巴。这时门已经开了，我说你扶他进去吧，好好照顾他的伤，跟唐老师的冲突你自己去解决。末了我还补了一句，你跟他说，我对他今天的表现很失望。

别的班主任都羡慕我有这么一个来自重点班的体育特长生，根正苗红，男生都服他管。更难能可贵的是，他的成绩好得足可以当学习标兵。我也因为他，感谢上苍赐给我的好福气。而眼下，这个好福气却在最关键的时候要来伤我们的心了。

第二天，大家没有了昨日的兴奋，很正常，因为我也蔫了。400米混合接力赛即将开始，在和煦的朝阳中，四个无奈中被挑选出来的队员，在众人凄然的目光中，一瘸一拐地去了，我们队冲过终点的时候，彭彭哭了，一个带领跳绳拿了团体第一的女孩。最后我们拿了团体第四，运动会结束的时候，我们连班级合影都没照。

周日晚，锦鸿的父亲打来电话，说他这两天在家情绪很低落。我心想这很正常。他父亲接着说："这孩子犯了错，老师您帮帮他。"我一愣，"孩子犯了错"，我脑海中不停地回荡着这句话。是啊，他最多不过十五岁，还是个未成年的孩子。我记得著名教育家叶澜女士曾经说过："孩子表现出来的并不完善，但他有他的美，美就美在他的幼拙。"孩子的幼稚和笨拙恰恰需要教师发挥教育智慧去引导他走向成熟的地方，而我当时的表现，却情绪得更像一个孩子，我得想办法弥补过失。

班会课上，我对锦鸿给出如此评价："贪玩去打球是他不对，伤了腿却不是他想要的，每个人都会有思虑不周而犯错的时候，但思虑不周不能成为一再犯错的借口。"接下来，对锦鸿同学在校运会上的男子400米和铅球夺冠，以及他在管理组织方面的优异表现给予肯定的掌声！

掌声迟了一秒，却很坚定。斯宾塞说："野蛮产生野蛮，仁爱产生仁爱，这就是真理。"想要学生成熟理性，我就得成熟理性地对待他们。我很热爱我的班主任工作，往往这种狂热的爱，致使我期待他们完美。我的目标没有错，但需要给这个目标加个期限，那就是：他们需要一个成长的期限，因为他们还只是孩子。

抚平孩子心灵深处的痛

刘晓华

"重点班怎么会有你这样的学生，你不配待在重点班！"级长狠狠地批评了班里的小鑫。我接着级长的话继续批评他："昨天我再三强调今天早上升旗礼在教室进行，不能迟到，你不但迟到了还往厕所里躲，这个学期从开学到现在迟到已经不下5次了，你给班级带来的常规扣分多得我已经记不清了，你的这种表现在全年级来看算得上倒数了，你确实不适合待在重点班，你回教室吧，我不想多说什么，也不想听你的理由了。"

这么批评小鑫是有原因的，这个孩子软硬不吃，行为习惯懒散，性格怪异，容易情绪化，对老师、同学说话都尖酸刻薄，他心胸狭隘，比较自我，所以基本上跟他做同桌时间都不长。每天宿舍都因他被扣分，每次班会课要求清空桌面他总是一脸不愿还满嘴埋怨，反复提醒反复这样，每次值周生检查扣分都因为他。这就是小鑫。

自那次批评之后，他变得沉默了，在我的数学课堂上开始不听课了，做其他作业。我想坏了，孩子在反抗了，接连三天都是这样，星期四自习课我再也忍不住想找他谈谈，结果他跟我说："老师，自习课我要赶着做作业，时间很紧的，算了吧！"我当时哑口无言。

周末，我接到了小鑫家长的电话，我把事情的经过同家长进行了沟通，家长恳请我跟孩子好好谈，她说："孩子觉得在这个班学习压力很大，想转班。但作为家长来说，肯定是不希望孩子转班，重点班无论从师资力量还是学习氛围肯定都比普通班要好！"我口头上答应了，但心想着你赶紧转走吧，为什么妈妈这么通情达理，孩子这么不可理喻。

正好这个周末我在同另外一个家长沟通孩子的情况时，无意当中她说起了小鑫，她说跟小鑫的妈妈是同事，我很快说到这孩子性格有些怪异，她说可能是因为他妈妈在他很小的时候就跟他爸爸离婚了，后来又重新组建了家庭，好像小鑫是跟外婆住，听他妈妈说小鑫很孝顺。听了这番话我愣住了，感觉批评小鑫的话有些重了，没有了解孩子心灵深处的痛，我陷入了深深的自责当中！

周一下午，小鑫妈妈给他过来送药，正好托我转交给他，我想找他谈话的机会来了。我好好理了理思路，孩子反复犯错主要还是因为他没有很好地融入班集体。他在这个班集体获得的爱和关心太少，所以他不懂得要为这个班级争光。其次，我发现这孩子行为习惯差但学习很努力，且目标明确，想考北京师范大学。以这两点为突破口，班会课后我把他叫到了办公室，同他促膝长谈了将近两个小时。

我问他："你觉得老师让你转班是老师的真心话吗？帮老师分析一下，为什么当时级长和老师会对你说出这番话？另外，将来你也会做老师，碰到这种情况你会怎么处理？"小鑫低着头一言不发，但我看得出，他在思考。

我又跟小鑫说："你是好学生，你不应该转班，我觉得我不是一个称职的班主任，我想高二（6）班应该换班主任。"

小鑫听到这里，猛地抬起头："不，老师，您很好，是我错了。"

接下来的时间，我问他最喜欢跟谁同桌，想坐第几排，只要要求合理，我就尽量满足他。数学课堂上每次碰到难题，我都会让他讲述自己的解法，每次都会赢得同学们热烈的掌声。每天第九节自习课他总想提前2分钟离开教室，问他原因说是为了早点儿到宿舍洗澡不用排队，节约时间为了能够6点钟赶回教室自习，所以有时他踩着铃声出教室我也没再批评他了！他的理科好是众所皆知的，但他还积极参与物理转优，希望把基础打得再扎实一些。他爱学习的行为在不断地感动着我，也在影响着其他同学。发现他在一点一点进步我并没有跟他单独说过，每次我都反馈给他妈妈，让妈妈表扬他！

就这样，我同小鑫越来越有默契。这个学期开学以来，他从没迟到过，早早地便到教室开始学习，每次班会课不用我提醒他都会清空桌面积极参与。曾经政治、历史、地理需要补考的他居然通过这段时间的努力进入了班级的中上游。而且每次问完老师问题他都会很礼貌地说声："谢谢老师。"

孩子的变化让我觉得开心，尽管他还有一些缺点，但他在不断进步，这就够了！小鑫的故事让我明白，要想孩子有质的变化，要用心走进孩子心灵的深处。

转角处的相遇

方丽晖

　　那是临近期末的一天，放学已一个多小时了，我匆匆赶往公交车站。走得太急，在出校门的转角处我差点儿和一个人撞了个满怀。抬头一看，原来是我班上的学生小锋。他正拿着课本边走边看。看着他专注的样子，我赶路的脚步慢了下来，不由得想起半年前发生在小锋身上的一件事。

　　那天上午，学生处老师打来电话，着急地告诉我小锋在校外参与打架，要我通知家长到学校来。这个小锋，平时行为散漫、不好好学习就够令人头痛了，现在居然还在校外打架。我带着怒火给他父亲打了电话，却意外得知他父亲得了重病已住院一段时间，怕影响小锋学习，没有告诉他实情。可能正是这段时间家里没人管他，他才更加放纵自己。我挂了电话，赶到学生处，才知道事情比想象的要严重。小锋在校外参与打群架，他的朋友还捅伤对方一人。学校正考虑开除他。

　　把小锋带回办公室后，我强压心中的怒火反问他："怎么样，打完架，心里痛快了？"他一声不吭。我一下子激动起来："想不通？那你回家好好想，想通了再回来，不过等你想通了也许就该彻底离开学校了。"

　　"不，我不回家！"小锋突然喊起来："我爸经常不在家，家里没人理我，我还回去干什么！"

　　"你错了！你父亲不是不理你，他是一直在住院！"

　　"什么？"小锋吃惊地看着我。

　　"是的，为了不让你担心，也不想你分心，所以没有告诉你。"

　　小锋沉默了，过了许久，他才轻轻地开口："我真是不孝，从不体谅父亲的难处和苦心。我真没用！"

　　看着泪流满面的他，我的眼睛也湿润了。我走到他面前，拍拍他的肩膀，告诉他："孩子，你是孝顺的，今天你为了父亲而流下悔恨的眼泪，说明你也有一颗善良的心，只是你让它蒙上灰尘太久了。"

　　他抬起泪眼不确定地看着我，我点点头。慢慢地，他的眼睛明亮起来，似乎找回了一点自信。但很快，他又担心地问，"老师，学校要开除我，是吗？"

　　"是的，任何人都要为自己的行为负责。"

　　"可是我不想放弃学业，我很想弥补对父亲的愧疚，弥补对老师和学校的辜负。老师，你能相信我，给我一次证明的机会吗？"

　　看着他充满期望的眼神，我竟一时无语。开除学籍的处罚并不过分，但对于目前的小锋来说，却可能影响到他一辈子。处罚是为了什么，教育又是为了什么？我不停地问自己。我已经从小锋的言语和眼神中看到他悔改的决心。不抛弃，不放弃，这不也是教育精神的体现吗？

　　我告诉小锋，"老师会给你争取留校察看的机会。但是，人生的路上会有很多转角处，向左还是向右，关键在于要清楚脚下的路将通往何方。我相信通过这次的事情，你能找到一个正确的方向。"小锋坚定地点点头。

　　最终，小锋留在了学校，并很快成了班里进步最快的学生。

　　回想当初，如果他真的被开除，或许我在路上碰到的会是一个在闲游晃荡的小锋，而不会是一个边走还边看书的小锋。看着他渐渐远去的身影，我庆幸，当他处在人生转角处并和我遇上时，我没有推开他，而是给他一个可以转身的空间，看着他走向未来。

情 感 账 户

邱代利

　　一次年级集会，大家在二楼报告厅坐好后，为了确保更好的会场纪律，我决定把小凡的座位调换一下。没想到话刚说出口，小凡情绪激动地看着我，愤怒地说："为什么又要我换？不换！"我一下愣了，同学们的眼光齐刷刷地看过来。我觉得太没面子了，心里的火焰忍不住地往上冒。但一想，不对啊，小凡同学高一就在我班上，和我关系一直很好，怎么会突然就将我一军，让我在同学们面前难堪呢？何况会场座位的临时调整，对他也应该没有什么影响啊，不至于这么大反应吧？这里一定有问题！于是我压住怒火，转而让旁边的小杰去换了位置。

　　会议结束后，我把小凡叫到一个安静的地方，问他怎么回事。小凡激动地说："我以为你会不一样，谁知道也是那么专制！"这话让我更是丈二和尚摸不着头脑。我耐住性子，继续引导小凡发泄他心中的不满。"今天我的旁边还有小宇、小杰，为什么不叫他们换呢？我坐在那里好好的，你一来就说：'喂，你和那个谁换个位置。'我又没有违反纪律，凭什么我要换啊，还有，还有，那天我的座位的问题……"

　　原来问题的根源是两天前班级座位的调整。因为班里人数是单数，小凡就一个人坐，后来班里要新来一位同学，我就把小凡座位调到别处去。这事跟小凡说过，但他一直没有搬。新同学来的时候，正好小凡不在教室，于是我就擅自把他的课本书包搬到新的位置上去。

　　"当你回到教室的时候，你的座位已经没有了，东西被胡乱堆在别的地方，你会是一种怎样的感觉？"小凡带着满脸的泪水，责问着我。我心里"咯噔"了一下，当时我只是想要快点儿安置好新来的同学，没有细致地考虑小凡

第二辑　何不静待花开

可能的感受，我以为凭我俩的关系，事前打过招呼，应该没有问题，没想到这一时的疏忽，就让小凡受到这么大的伤害。今天会场上调换位置，又没有想到这一插曲，对小凡讲话的态度就随意了点儿，让小凡的自尊心再受打击，这确是我的不是。"对不起，小凡，老师一时心急，没有考虑到你的感受，是老师不好，请你原谅我，好吗？"小凡没想到我会这么爽快地承认错误，也有些不知所措。我继续说："其实我们不管是师生还是朋友，如果遇到事情大家能开诚布公地谈清楚，就能减少很多误会。"小凡想了一下，也承认他当时并不想换座位，就一直拖着不动。今天的激烈反应，正是前天情绪波动的结果。

经过了这件事之后，小凡更信任我了，我们的关系也更加融洽。后来他向我表示说要学会控制自己的情绪，做一个情商高手。

教师与学生之间有一个"情感账户"，经常往里存入尊重、信任和关爱，账户的余额就会越来越多，学生也就"亲其师信其道"了。如果连续透支，像我在两次换位中不小心忽略小凡的感受一样，将会亏空感情账户，教育就难以有效地进行下去。

助他品学双优

郑玉英

那是我参加工作的第十一年，新学期刚开学，我接手了新的高三班级。说起小吴，几乎整个学校的师生都会异口同声地说："就是那位大冬天也穿短袖校服的同学呀。"据他的理论：冬天穿再多衣服也不能带来更多的热量。据知情同学透露：他考不上理想的高中，冬天里穿短袖是对自己做一个小小的惩罚。从高二起，小吴总是单独坐在教室的最后一排，没见过他与其他同学有交流，偶尔早读迟到，班主任找他谈话，他也只是低头听着，从不辩解；上课从不看黑板，只用耳朵来听；说话从不看别人的眼睛。在家中与父母的对话也仅限于"我回来了，我上学去"，有一颗"拒绝融化的心"。但小吴头脑灵活，理科成绩非常了得，是不少同学羡慕的对象。我深知，一名真正"优秀"的学生，绝不仅仅是学业方面优秀，还应该具有良好的道德品质和个人修养、心理素质以及健康的身体等。小吴如果情绪得不到适当的释放，就会对心理产生较长时间的负面影响。我尝试了以下做法，力图帮助小吴从"孤独的房子里"走出来，走向更为广阔的天地。

一、让"孤独"的小吴有了同桌

我决心让孤独的小吴学会与他人相处，进而融入集体生活中，提高"情商"系数，以达到在人格上自我发展的目的。为此，我改变了前任班主任"另置一桌"的做法，不动声色地安排小吴与一位性格较开朗的小源同桌，座位在教室的倒数第二排（小吴个子高，总是被安排在最后一行）。不再总是坐在教室的最后一个角落，也有了新的同桌，小吴看上去似乎不再"孤单"。但小源反馈：小吴话依旧很少，基本不参加集体活动。

小吴依然故我。我再次找到小源，希望他能想办法找出小吴喜欢的话题，多与之沟通。也许是同龄人本来就有很多的共同话题，活跃的小源后来成了高中时代小吴的第一任好友。在与小吴家长的交流中我得到一个信息：上周六小吴和小源到学校参加球赛。这对小吴来说是一个突破。悟性极强的小吴也许早就知道朋友在人生中的重要位置，但他不愿意首先向别人伸出橄榄枝。这种情况下小源的关怀让高傲的小吴找到了寻觅友谊的途径。

二、小吴与语文老师的故事

因为中考时语文成绩拖了后腿，小吴对重点高中只能望洋兴叹。高三之前，这一状况没有得到根本的改变。高二期末考试，虽然小吴的理科成绩全年级第二，但他的语文成绩竟然比年级的平均分少了近20分。升上了高三，小吴依然把他的主要精力放在理科上，对语文不理不睬，寄希望充分发挥自己的特长科目来挽救弱势学科的成绩。

小吴与他高三语文老师的摩擦源于他那"永不抬头"的沉默。小吴上课永远低着头，无论科任教师如何提示、激励、批评，小吴就是不愿抬头看黑板，更不可能关注到老师讲课时生动的表情。所以，语文老师认为，小吴学不好语文，是他的学习态度问题，不是他的能力问题。语文老师把小吴请到办公室交谈，面对殷殷教诲的语文老师，小吴表现得无动于衷。语文老师很生气，说小吴若不想改进，就不欢迎小吴上他的课。谈话不欢而散。"一个傲慢的学生"，这是语文老师对小吴的评价。

当时我在场，基于对小吴的认识，我认为应该是办公室里还有其他的老师在场，内敛而倔强的小吴即使心里有什么话也可能不愿意表达出来。于是我找了个恰当的时机单独与小吴交流。也许是女教师天生善于启发和倾听吧，小吴坦诚地向我道出他对语文学习的看法，他认为语文的挑战性不强，学与不学并没有相差多少。课堂上老师讲的知识对他来说过于简单，提不起他的学习兴趣。从高一到高二，他上语文课坚持自己看书，从不听讲，老师即使批评，他也依然故我。但对高三的语文老师，小吴打心里敬佩。他说这是他上高中以来听得最认真的语文课了。但是他依旧不习惯上课看黑板。于是我把语文老师的才能、人品（该老师在学生中有口皆碑）及他对学生的赤诚之心告知小吴，小吴也有所触动，意识到他确实是遇到了一位不可多得的语文老师。同时我也把学习语文的重要性告诉他：在标准分制度下，任何一科的成绩在全省平均分数线下，对该学生的高考总分来说都是致命的打击。小吴答应：愿意改变自己"不抬头"的习惯，在语文老师的帮助下，一步步迈向自己的目标。

同时我也把小吴的情况反映给语文老师，语文老师表示理解，答应让小吴慢慢改进。于是，在语文课上，语文老师装作不经意之间让小吴来回答估计他能回答得了的问题，并给予肯定。也许是"爱面子"，也许是有"成功"的喜悦吧，小吴上课显得更加积极主动了些。同时针对小吴认为课堂上老师讲的知识对他来说过于简单的情况，语文老师有意设置一些有难度的问题，让小吴体验克服困难之后的成就感。

让人高兴的是，小吴在高三的后半阶段，语文成绩一直在提升，本是薄弱科目的语文科在高考中取得了单科上一批的理想成绩。

高中生尤其是高三的学生，升学压力大，不少教师和家长常常只是重视学生的学业成绩，认为只要学习成绩好了，就是"优秀"学生。这样的评价"一白遮百丑"，成绩的光环有时会掩盖学生的一些不足甚至是致命的缺点。再加上高中生本身所具备的特点——"思维敏锐，但容易偏激；克服困难的毅力还不够；在对社会、他人与自我关系上，易出现困惑、苦闷和焦虑；对家长、老师表现出较普遍的逆反心理和行为等"，往往让他们容易做出一些不符合规范的行为。如果老师没有给予足够重视，并加以引导、教育，那么，后果无疑是严重的。其实教育的使命，在于向社会输送一个个人格健全的学生。对于像小吴这样的学生，我们不仅要帮助他们提高学业水平，更要帮助他们解决人生中碰到的种种问题，要助其品学兼优。他们有健康的身心、有知识的底气，才可以更好地去迎接未来的挑战。

三、后　续

那一年，小吴揣着全校总分第一的成绩单，带着他青春的梦想，走进了他心仪的大学殿堂。出发前，小吴没有像其他同学一样来到学校与老师辞行。也许，这本来就不符合他内敛而又有点儿骄傲的性格表达方式。我心里有些淡淡的失落，不过并没有怪他，因为教师对学生的教育，是不求回报的。回到办公室，我发现了一张卡片，那是小吴留下的，上面写着："老师，谢谢！"就这么几个字，让我的眼眶湿润了。我知道，小吴的路会越走越好的。

蜕变、成长

黄立捷

时光飞逝，从教三年，回忆起班主任和教学工作中的点点滴滴，个中滋味，五味杂陈。任教第二年，中途接任班主任，开启了我的班主任生涯。据前任班主任介绍，班里有几个孩子比较难管，需要多加关注。其中有一个学生蔡某首先引起了我的注意。

蔡某，男，17岁。优点：尊重老师，人高马大，体育较好，对朋友讲义气。缺点：上课爱迟到，不注意个人卫生，不交作业，晚自习喜欢说话。

通过联系家长、前任班主任和科任老师，我发现导致蔡某身上诸多不良行为习惯的根源有三个：

一是错误的认知。蔡某家庭经济条件并不差，家长对孩子的学业有一定的期待和要求。但读高中以来，成绩并不理想，几次大考均处于年级后100名，长期的不自信导致蔡某的厌学情绪不断加剧，甚至有些自暴自弃。外加家长的说教，使亲子关系也非常紧张。渐渐地，蔡某形成了暴躁、易冲动的心态和性格，甚至有轻生的念头。

二是环境的压力。班里同学认为蔡某不讲卫生，晚自习喜欢说话，对他有意见，导致他产生自我怀疑的情绪。

三是体貌特征的压力。蔡某经常吃不健康食品，导致脸上的痘痘频长，久不褪去。正处于青春期的他为此感到自卑。老师和他谈话，他都习惯性低下头，不敢直视老师。

综上，蔡某所受的影响是多方面的。学习成绩和纪律较差，背后夹杂着自卑。意志力薄弱、承受挫折能力差，经常违纪、干扰他人学习，在教师的训斥下自暴自弃。教育、转化他不是一朝一夕的事，需要结合学生特点和我现在年轻的优势，遵循教育规律，和学生进行心与心的碰撞。

镜头一：以朋友的身份，认识他

有一天晚自习，我单独喊他出来，与其在长椅上谈话。我问他："我当班主任后，你开心吗？"他笑着说："开心，我很喜欢捷哥。"我很感谢他的信任，接下来我对他提出要求："以后跟老师说话，把头抬起来，充满自信，老师是很欣赏你的。我不仅是你的老师，也是你的朋友，学习和生活上有需要都可以找我。"他很开心地笑了。

镜头二：重新出发，逐渐改变

我和蔡某最常强调的就是迟到问题，我让他跟着宿舍最早出门的人一起走，经过三周的时间，渐渐地他已经不迟到了。

关于卫生，蔡某经常把吃的喝的罐子塞满桌膛，产生异味。有一次放学后，我单独在他座位上拍了照。下周回来和他心平气和地交谈，他也认同这样的习惯不好，之后在卫生方面有所进步。还记得运动会时，每天结束后清场打扫，他都会主动留下，我和他相视一笑，点了点头。

关于学习，蔡某一直都很不自信，我希望能为他指明方向。在高二动员传媒生时，我想到了他。想要说服学生走传媒路线绝非易事，首先学生心理要过关，还需要家长的支持形成合力。我问他："你对未来有什么想法？"他摇了摇头，说："不知道。"我很直白地说："走传媒很适合你。"起初他并不同意，觉得传媒专业不适合自己。我以老师的角度，很实在地从分数上为他做了分析，然后以朋友的角度，给他信心，希望他能更好。我看得出他的纠结，对他说："不着急，你回去和家里人好好商量，再做决定，我一直都在。"他很受触动，后来我抱了抱他，让他先回去。周末，蔡某妈妈联系我，说蔡某对传媒有个专业很感兴趣，准备报名学习了，非常感谢我。那一天，我真替他高兴。

镜头三：点名夸奖，提升他的班级人气

我们班篮球水平较高，在篮球赛中进入了决赛，蔡某也是其中一员。为了活跃气氛，我按时到场给学生加油，竟被球场上发生的一幕惊呆了：平常不爱说话的蔡某仿佛变了个人，积极地和队友商量，打配合，娴熟的控球、传导，精准的投球，引起观众阵阵欢呼。决赛整整打了一小时，我班最终以1分的优势险胜对手，夺得年度篮球赛冠军。我冲进球场拥抱着蔡某，说："太准了。"

我开始怀疑自己，他是一个后进生吗？仅从学习成绩的角度看，或许……

第二辑　何不静待花开

但眼前的他，那自信的神情，矫健的身姿，还有同学们的助威、欢呼声，他明明如此优秀！赛后的第一天，我把学生剪辑的视频在班级播放，专门点名表扬蔡某赛场上的一技关键三分，为我们奠定了胜局！全班都在鼓掌，我看到了他开心的笑容。周末，他妈妈专门和我联系，说孩子回家告诉自己老师夸奖他了，非常高兴。

经过整整一学年的接触，蔡某逐渐自信了起来并融入集体生活。他不断改正自己的不良行为和习惯，时时把自己最闪光的一面展现在同学面前。我很高兴，他能重拾自信，向着未来前进。

强身在体，健心在育

赵 喜

百年前时任北大校长蔡元培就提出了"更全面的人"这样一个教育理念，并在北大进行了重要的变革，那就是体育学科改革。

著名主持人白岩松也曾提出，体育不仅教会孩子们如何在规则的约束下去赢，更教会孩子们如何体面并且有尊严地输。

我们敬仰的老一辈教育家和有识之士都把体育放在了格外重要的地位，党的十九大也提出学校培养全面的人的理念，进一步表明新时代对体育人才培养的要求：不仅仅要强身健体，更要育心。

新学期开始，学校足球队新加入六名队员，他们都是通过足球特长考入学校的高一新生，体育生不好管理早已是学校各科任老师头疼的问题。对于球队主教练的我来说，管理好自己的队员却是顺风顺水、小菜一碟。我摸索出一套"成功经验"：对新队员首先进行集体谈话，定规矩。如有例外，就进行个别谈话，对症下药，逐一解决。

高一队员在第一周学习、训练、生活中并无异样，但随后大大小小的问题接踵而至：训练迟到、训练物品乱扔乱放、训练不用心等等。以前出现的都是个案，也及时得到了纠正。这次却是群体性事件，这是我始料不及的。习惯不好，训练质量从何谈起？我更担心的是这些不良习惯会像"传染病"一样蔓延到高二和高三年级的队员，会影响到整个球队的训练氛围和质量。我的担忧果然没错，接下来的几天里，这种坏毛病不仅没有得到遏止，还愈演愈烈。我费尽心思，对问题学生进行惩罚、谈话，恩威并施，但就是不见效果。今天当着全队的面批评教育了A同学，明天B同学的问题又出现了。碰到这些不守规矩的队员，我着实很生气。发脾气显然不好，也不能解决球队出现的问题。看到他

第二辑 何不静待花开

们眼神中的抵触与不屑，我无比焦灼！怎么办？我怎么会遇到这样一群学生？是我的教育方式出现了问题吗？此时的我也产生了从未有过的自我怀疑！

这样糟糕的情况还在持续着，直到有一次训练结束。队员们再次把喝完的塑料水瓶散落在球场上，对于这帮新队员，我已没有了再次说教让他们执行指令的冲动！我围着球场拾起了散落在各处的那些塑料瓶并放进垃圾桶。正在这时，我听见了匆匆的脚步声，有略带歉意的队员主动跑上前来，拾起了面前的塑料瓶。没有想到的是，接下来一人、两人、三人到全队的队员都行动了起来，很快球场上的垃圾被清理得干干净净。我没有转身，而是直接离开，但隐约间能够感觉到队员们的自责和愧疚。我似乎找到了解决问题的方法。

第二天的训练我早早地来到了场地，提前准备好当天需要的训练器材。这一次我没有了往日的大声催促和严厉的语言，而是静静地在那里等待。当队员们在看台换好训练装备来到球场后，在他们的注视下，我来到他们换下的书包前，轻轻地调整着每个书包及每件物品的摆放位置，像我平日里严格要求他们那样认真和专注。此时，球场上鸦雀无声。

从那天以后，我再也没有为球队的训练管理问题而发过愁，训练的氛围也是越来越好，我终于明白了身教重于言教的威力。看，一次不经意间的行动却能抓住难得的教育契机，竟然收获了意想不到的效果。

这个故事并不激动人心，但留给我很多思考。如果我们在教育的过程中留心德育与行为的渗透，使学生形成积极的人生态度，他们在成长的路上就会带给我们别样的惊喜。

我们教育的根本是立德树人，更不要忘记对学生内心的塑造。体育，表面看是强身健体，事实上，它也需要育心。

为了培养学生成为全面发展的人，我们对待学生一定要有耐心、真心与信心。上好体育课，强身健体重要，健全的人格更重要。

静 待 花 开

刘 向

谁都不知道自己会遇到什么样的学生，老师们总自嘲地说，一切都看运气。很多时候确实如此，如果班级当中孩子们都乖巧听话，那在管理当中自然是省时省力。但一旦遇见一个浑身是刺的孩子，那自然要平添许多无奈与忧心了。

军训第一天，小甘同学就迟到了，教官带着全班等他一人。没想到气定神闲的他走来之后，还若无其事地和我说："老师，我以前军训是和教官打过架的，这次来军训，我会努力忍住。"一听他这话，我心就凉了半截，想着千万别给我捅什么乱子才好。没预料到的是，在军训当中，他不仅表现良好，还把班级的同学都认了个遍，在与其他班对唱时声音最大，一时间成了全班的核心。这让我既高兴又担忧：他就像一匹野马，如果能够驯服，对班级的建设是一大助力；但一旦失控，那将严重影响班级秩序。

细想之后，我定出了应对小甘同学的原则：发扬优点，约束不足，给足面子，以众克寡。军训回来之后，我对他在军训中的优异表现在全班同学面前大加表扬，并委任他为班长。随后，我特意把他叫到办公室，和他约法三章：一是继续发扬军训时的优良作风，二是不辜负班级同学的信任，三是以一个月作为考查期。他爽快地答应了。

但没想到的是，在接下来的两周时间里，他不仅把班级纪律违反了个遍，同时作为班长，也没有认真管理班级纪律。可他还自认为，这只是一点儿小问题而已，没那么严重。我没有过多地责备他，只是依旧鼓励他要改正自己的不足，做好表率。一个月的考核期到了，他在班级调查中得票率最低。

拿着手中的数据，我先让小甘同学回想自己一个月以来的工作情况。他实事求是地反省了自己，对调查结果也坦然接受。他也没有想到，那些在他看来所谓的小细节，在同学们的眼中却存在大问题。

我根据约法三章，撤销了小甘同学的班长职务。不担任班长的他，安静了许多，整体学习状态也有所回升，但积极性似乎受到了打击。这让我有些担忧，如果他的积极性缺失，对班级来说也是一大损失。这时，刚好有一个机会，他代表学校"创客"前往美国比赛，并拿了大奖。

回来之后，我马上让小甘同学在全班做了经验分享：拿下大奖，得益于什么？他很真诚地说："我们能获得奖项，第一得益于对细节的掌控，第二得益于团队合作，第三得益于自我的不断调整。"分享结束后，我总结道："创客"比赛赢得大奖，需要细节、团队、自我调整，其实在一个班级中何尝不是这样？我们要让一个班级优秀，首先也需要每一个优秀的个体，需要大家的相互合作，需要追求细节……

"老师，我还想当班长，请您给我机会。"小甘同学对我说。

我答应了他的请求，那一个学期，我们班被评为了优秀班级。

花儿开得灿烂与否，与花有关，但又怎么能忽略阳光、泥土和水？我们的学生正值如花般的青春年华，他们是注定要开放的，然而是开得怯弱无力，还是开得狂野奔放？是半开，还是怒放？作为教育者的我们，所能提供的养料就显得至关重要了。若我们化身为阳光照耀他们，他们就更灿烂；若我们化成沃土滋养他们，他们就更健康；若我们化成流水润泽他们，他们就更丰富。愿我们都有静待花开的智慧，愿花儿都能迎来生机无限的春天。

一位女老师的两次眼泪

王世风

　　教育需要有静待花开的智慧，对此我以前颇有些不以为然，直到目睹一位女老师两次落泪，才恍然明白了这个道理。

　　那是一个晴朗的下午，我刚一回办公室，就看见英语老师红肿着双眼站在我桌边。

　　"你看看这个。"她指指我桌上的信封，眼泪不由自主地流了下来。我似乎明白了原因。这薄薄的信封，在每一位老师心中都颇有分量，因为里面装的是学生对其一学期工作的评价。

　　我打开信封，几行文字如同利箭穿透我的胸膛：你的思想比你的长相更抽象！我紧握着拳头，一股怒火在胸中燃烧。"他怎么能这样评价我？"英语老师的委屈和着汹涌的泪水，喷涌而出。

　　这种行为很恶劣，必须立即遏止，我心想。我一边安慰英语老师，一边思考着对策。直接去班上痛批一顿显然行不通，那样不仅找不到问题的根源，也容易挫伤学生的积极性，还会给班级带来负面影响。当务之急，应该先找出事件的始作俑者。在年级长和学生处的帮助下，我很快了解到这段评价出自小君同学之手。小君同学虽然不擅表达，对老师却很尊重，见到其他班的老师也会问好，他为什么会写下这样偏激的言辞？在找小君的好友和室友了解情况后，我才知道了答案。原来，英语老师因为作业问题，曾在全班同学面前批评小君，还让他到答疑室补写了一节课。当时，班上同学对此也颇有微词。看来，这不是单纯的个体事件。我决定先瞒着英语老师，想办法消除这种不良影响。

　　于是，我在班级开展了一次"我爱我师"的活动。活动中我有意将英语老师和小君搭配在一起，一起猜成语，一起"穿越迷宫"，他们配合得非常默契。"穿越迷宫"时，蒙着双眼的小君紧紧抓着英语老师的手，在英语老师的引导下，顺利地穿越了障碍，他们的成功赢得了全班同学的掌声。在总结环节，我深情地说："同学们，在学习或生活中，我们难免步入短暂的黑暗，但请相信，有一个人会用强有力的手，把我们引向光明——他就是老师。如果你有想对老师说的话，那就把它写下来。"我向小君投去了鼓励的目光。

文字材料上交后，我核对数量，独缺小君一份。我有些遗憾，也有些沮丧。

一切似乎都已尘埃落定，直到高三毕业典礼那天，英语老师收到了一封久违的来信："老师，我知道这封信迟到了两年，只因我无颜面对你。这两年来，我拼命学习英语，每一分努力都代表我的歉意。老师，请原谅我的年幼无知。"英语老师流下了感动的泪。我欣慰地笑了。

彼时彼刻我明白：教育，需要静待花开的智慧。我们难以预知花何时绽放，但永远都不能停止用心地培育。或许在一个不经意的时节，便收获了满园春色。

第三辑

———

尊重这把钥匙

美，更在于心灵

——由一个教育案例引发的思考

李明波

那年，我担任高二（5）班班主任，班上有位叫曹某的同学，其父母长期不在家，平时放假回家都是和爷爷奶奶一起生活。由于缺少父母的管教，曹某养成了很多坏习惯，比如说上课搞小动作、自习课看小说、睡觉，受批评时还经常与老师顶嘴……在科任老师眼中，他就是一个很"差劲"的学生。就是与这样一个学生的交流，给了我很大的启示。

新学年开始了，到校后曹某立即引起了全体师生的关注——他的发型太有个性了：前面的一缕头发很长很长，把眼睛都给遮住了。四周和后面的头发却又很短。科任老师也多次向我反映他上课总是走神，还经常习惯性地摸自己的头发。同学们对他的发型也很感兴趣，背地里议论。领导也开始发话了："这像什么样子，赶紧给我解决好！"

于是，我找曹某谈话，要求他把头发理好。当时他勉强答应了。那天中午他请假出去了，我心里暗自高兴，可等下午到教室一看，发现他的发型一点儿都没有变化。我强压着心中的怒火问他："你中午出去了，为什么没有理发？干什么去了？"他装作若无其事的样子说："没做什么，我不想理发！"语气是那样的坚定。我当时很生气，也顾不得去问他原因，一声不吭地回到了办公室。晚自习时，我再次找到他，劈头盖脸的一顿批评："这怎么能行呢？老师的话你都不听了，这还像个学生吗？你觉得这样美吗？"也许他是为我的话语所伤，朝我大吼了一句，"我不觉得这样美，但我不想理发"，然后愤然跑出了办公室。我当时很气愤，但也很后悔不该那样说他，因为毕竟他还是一个孩子，而且是一个缺少父爱和母爱的孩子。

最后，我还是决定先去找他道歉。从教室找到宿舍，我终于在运动场上找到了他。他一个人静静地坐在那里，一声不吭地沉思着，好像全然不知我的到来。我在他身边坐下了，开始和他交谈："曹某，刚才老师态度不好，我不应该那样对你说话，老师向你道歉，希望你能够原谅。"他继续沉默着。我接着说："老师这样做也是为你好，希望你能够明白。这样的发型实在是不太适合学生身份，你以前也不是这样的啊，也不知道为什么你不愿意理发。"他眼泪哗哗地流下来了。他突然对我说："知道我为什么不愿意理发吗？"我摇摇头。他用手轻轻地把那缕头发撸起来。顿时，我的心一震，疤痕！缝过针的很长的一道疤痕！原来他是想用长发来遮挡他的疤痕！他边哭边说道："暑假期间，我到爸爸所在工地去玩耍，不小心伤到了额头，伤口愈合后就留下了这道疤痕，太丑了！老师！我不想让别人知道！"

原来如此！我耐心地开导他："其实这并不难看，同学们不会看不起你。男孩子有点儿伤疤怕什么？再说了，谁说你脸上有道疤痕就丑了？外表就这么重要吗？作为你来讲，目前最重要的事情就是把学习搞上去，考上一所理想的大学。"经过我耐心的开导，第二天，他主动找我请假去理发。我欣慰地笑了笑，也看到他的脸上露出了久违的笑容。那一天，我工作得很开心。

事情过去半个月了，曹某已经渐渐从这种阴影中走出来了，但我担心的事还是发生了：自从曹某额头上有了醒目的伤疤，以前和他玩得比较好的同学同他产生了距离，甚至有些同学还疏远他，孤立他。我觉得教育大家的机会到了，于是在班里设计了一次主题班会："美，更在于心灵！"在班会上，我对同学们说："外表的缺陷可以用内心美来弥补，而心灵的卑劣却不是外表美可以抵消的。一个人虽然长得很丑或很一般，但是他会用心去体谅、关心、帮助别人，他就是最美的！美，无处不在；美，不在于外表，不在于身份；美，更在于心灵！"同学们都低下了头，从那以后，再也没有人因为曹某的伤疤而疏远他，他又重新回到了同学们当中。

我在没有深入了解事情真相的情况下，只凭片面之词和主观判断来批评学生，对于学生来说实在是一种伤害和打击。高中生正处于青春期，对于自己的外貌比较在意，这本是正常现象，作为老师，只要我们引导学生正确地看待自己的长相，不以貌取人，不过分追求美貌即可。通过这件事，我觉得做好班主任必须具备三心：细心、爱心、真心。如果我们能做到深入地了解学生、切实地尊重学生、真正走进他们的心里，那我们在处理很多敏感问题时就往往可以达到事半功倍的效果。老师也是凡人，也会遭遇悲欢离合，也会在种种境遇面前或悲伤，或欢笑，或黯然，或欣慰。这本无可厚非，但你的一举一动，学生都暗暗看在心里，你对待事物的态度可能成为他们处理类似事物的态度，这就很关键了。所以，当我们在工作中出现了一些疏忽时，只要敢于承认错误、积极改正错误，把学生当成自己的好朋友，充分了解学生、尊重学生，就一定能够成为学生的心灵导师，指引学生朝着正确的方向前进。

记得有人曾经说过：解决一个问题有一百种方法，关键是看你用心不用心，只要你用心想，还能想出第一百零一种方法。所以，在教育学生的工作中要学会尝试，尝试改变一下传统教育思路，也许会有意想不到的收获。

想要回家的孩子好聪明

高 志

　　我校是全寄宿制学校，学生大多第一次离开家长，住校过集体生活。新生的生活适应，便成了一个非常重要的问题。开学以来，我们接待五名对住校生活严重不适应的学生。这个案例所要报告的属于其中的一例。

　　来访者是女生，在转介到我这里时，班主任、生活老师及另一名心理老师都做了她的工作。

　　在班主任带领下，她第一次走进心理咨询室，同另外一位女老师聊了将近两个小时。在两个小时的咨询中，她几乎大部分时间都是泪流满面。只是，当她讲到她之前的一些成功经历时，眼神中才放出光来。

　　从我的观察来看，来访者的眼泪里有许多表演的成分。当她讲述成功经历时，我又感觉到她的一些夸张。而心理老师被她卷入，并扰乱得比较厉害。她似乎在将自己的问题描述得无药可救，而唯一的救命稻草是让她回家住宿。

　　一个念头闪过我的脑海——想要回家的孩子好聪明！

　　之后，来访者又有两次在上课时间来咨询室找心理老师。每次一开始她进来时，都带着非常痛苦的表情，接着的话题基本上是——我受不了啦，我实在受不了啦！我真的要回家！

　　看到我们的心理老师被来访者打扰，我产生了怜惜之情——我知道我的救世主情结又上来了。于是，下课时，我找到她的班主任，问起了她的一些情况。当听到她逃的全部是那些不太重要的体育课、计算机课时，我之前的假设得到了印证。我想我看到了她悲伤背后的动力！

　　在她第三次来找心理老师哭诉时，一个中午的时间又被她强行占据了。我拿起一个橘子，走到心理老师与她之间，将分好的橘子递了过去，说："吃橘子！"她说："不要，不想吃。"我接着又将手伸了出去，说："不想吃也吃掉，我剥好了！"她有点儿无语，便拿过橘子不情愿地吃起来——其实橘子味道不错，再加上她讲了一中午，估计也是口干舌燥了。所以，我见她两口也就吃完了。

于是，我开始开口说话了。我问："今天你又跟李老师聊了一个中午，不知道是否感觉好一些？"

"没有，还是很难受。"

"我也不知道我们能不能帮到你。但我确信一点，如果你没有好起来，而是最后放弃了这次能让自己成长的机会，以后就不会再有这样的机会让你能够独立起来了！你可要慎重呀！"

她马上接话说："为什么？我大学时再来过独立生活不是一样吗？"

"不一样，大学大概不会有这样的机会了呀！如果你真的要回去，学校是不会强迫你留下来的。你说是吗？"

"我不知道，但是我真的受不了！"

"嗯，好吧！你考虑一下，我们马上就上课了。另外找时间聊吧。"

下午第四节课时，她来到了咨询室。问我有没有时间，我们便聊了起来……

"老师，我真的很难受呀，一刻也待不下去了。你不信可以问她（她带来的同学）。我每天都在宿舍很伤心地哭。"

我看了一下她旁边的同学，她看着我点头示意。但我分明感觉到她的点头中没有太多的同情，而只是简单的证实。

"嗯，我感觉到你很痛苦。这几天你在跟李老师（另一位心理老师）聊天时，我已经感觉到了。每次你都要哭好久。我想我来描述一下你的一些感受，你看看是不是这样的，好吗？"

她努力点点头。

"在学校你感觉到非常的难过，似乎一刻也待不下去。当这种感觉很强烈时，甚至都觉得自己快要死去了。浑身都没有力气，脚也站不稳。一股气由胸口直冲到你的头顶。脑子仿佛都要炸开一般。你心里面只有一个念头，就是我想回家。许多时候，你会胡思乱想。比如觉得妈妈很难过，甚至会莫名其妙地觉得她会有危险。这些感受都让你片刻也不想离开妈妈，是这样吗？"

"是的，你说的正是我的感受。"她说。

"我们其实都经历过这样的过程，只是在三岁以前……"我开始讲小孩与妈妈分离时的痛苦，让她更充分地明白她痛苦的来源。

"好，那我说现在我理解到了你的许多痛苦感受。你可以接受吗？"我希望进程可以更快一些。

"可以。"

"好，我们来谈一谈为什么和怎么办的问题。好吗？"

"好的。"

"一定要回家？只有回家能解决你的问题，只要一回家就能解决你的问题？是这样吗？"

"是这样的！"

"我提出一个假设，假如你可以在一个月之内适应这里的高中生活，我就帮你去学生处申请停宿住家里，你觉得你可以做到吗？"

"啊？真的吗？那现在是不是已经有两个星期了，我只要有两星期就能够调整好了！"

我看着她一言不发，脸上带着一些微笑，沉默了一会儿。

"你这么有把握？"

"肯定可以做到！"

"那我能不能说，你的许多行为其实是你自己能够控制的，你只是太想回家了？"

她沉默了……明白过来我下了一个套。

"我还是中午的那句话，如果你一定要回家是没有人可以拦得住你的。只是你要慎重考虑你是否要长大，是否要这样继续下去。如果你要长大，我们就谈下去。如果你只想回家，就再考虑一下，跟妈妈谈谈，然后再做决定。好吗？"

长时间的沉默。

"你可以考虑一段时间，什么时候考虑清楚了，再来约我咨询。不过我们要约法三章：①我们咨询的目标是让你尽快适应高中生活，而不是逃避；②每次来的时候，即使要谈你的痛苦，也必须先讲你在这段时间以来一些相对更好的情况，尤其是进步的情况；③当你在咨询中又开始一边哭泣一边讲述时，我们先充分地平复情绪，然后再来谈问题，好吗？"

"嗯……"

就这样，结束了我们的第一次咨询！

我不禁想：为什么之前的心理老师、班主任、生活老师的谈话都没有效？在她心里，这些老师都只是她用情绪来控制的工具，来实现她的目的——站在她一边来证明，"我是无药可救的，你们谁也帮不了我。我尽了很大的努力，非常坚强，可是仍然不可能战胜我的痛苦。所以你们帮帮我，让我回家吧！"在这样的情况下，谈话的老师都感觉到同她交流非常累，都几乎是对她避而远之。因为被她控制是一件很难受的事情。

咨询师的中立角色是否重要？咨询有效，很重要的因素之一是咨访关系的确立。只有当来访者与咨询师确立了咨询目标，而咨询师又能保持适当界限，来访者的自我潜能和动力才能被激发出来。这时咨询才开始进入真正有效的阶段。咨询师保持中立的角色非常重要。

什么是中立角色——除了一般意义上的不批判，不做价值指导，而始终保持价值中立以外，还有一点是，保持适当的界限。来访者可以移情，而咨询师要不被卷入产生反移情。否则咨询就可能形成现实中关系模式的重复，不能解决问题！

学校的心理咨询老师与咨询机构又有所不同，在学生眼中心理老师还是同样扮演着老师的角色。因为对于依赖性较强的学生来讲，她们会产生很多的要求、依赖，而这对于咨询工作是会产生一定障碍的。

在我的第一次咨询中，我试图厘清彼此之间的界限，确立咨询的目标。我想这是取得这个案例成功的关键。当然，这样做有一个前提，就是学生对自己的信任感能够达到足够的程度。

两天后向班主任和生活老师了解，这名学生近几日的表现比之前好了许多，也不再那么强烈地叫着要回去了。我想起哪位老师讲过的话：或许咨询室内做的工作的效果会在来访者的生活中表现出来，而这样的改变或许不是因为咨询师说了什么，做了什么。而是咨询师建立的关系中，已经让来访者感受到一些新的东西，这种东西所引发的来访者的思考，一直可能被带到咨询室以外。我想，第一次的咨询会有一定的效果吧。

我等待她下一次走进我的咨询室……

"学会尊重，懂得感激"

周素琼

期中考试第二天，正好轮到我巡考，我惊讶地发现一名学生用手机作弊！我当即没收了这位同学的手机，并在考试结束后把他叫到了办公室。我坐在座位上，而他，站在离我一米远的地方，相貌清秀，一米八的瘦高个。他的心中充满了不安、惶恐。

五分钟的沉默后，我首先开口："为什么要这样做？我想你应该知道后果吧？"

而他，还是笔直地站着，似乎想说什么，但欲言又止。于是，我又开口了："想说什么就说吧。现在办公室就我们两个人。事情已经发生了，但结果是可以改变的。决定权在你手上。说还是不说，你自己定夺。"听完我的话，他再也按捺不住激动的心情，开始滔滔不绝："老师，我真的不是故意的。我在班上成绩并不是很好。但是我真的很努力，为了这次考试，我付出了很多，但是到了考场，我什么都忘记了。我爸说了，这次要是考不好，就让我转学。我不想转学，我不想到一个不好的环境，那样我学习就会更差。我真的不想让自己堕落下去，所以才出此下策。老师，你从宽处理吧，我求求你了，要是被我爸知道了，我就真的不想活了。"我耐心地听着，但听到他轻生的念头时，心就像被什么东西刺了一下，立马开口："打消你轻生的念头，一次考试作弊没有必要这样想。这样吧，手机先放在我这里，我暂时不交到年级主任那里，你先回去继续上课。不要跟任何人透露我们今天的谈话，剩下的事情我来处理。先回去吧！"他虽然将信将疑，但还是慢慢地走出了办公室，并说了一句："老师再见。"看着他离去的背影，我坐在座位上思虑良久，找到了他们的班主任，问到了他父亲的电话号码，拨通了电话。

"喂？"我先问了一声，电话那头却没有一点儿反应。我又问了一声，电话那头终于有了一声闷响："谁啊？"我听出来，他父亲正在睡觉。我说："我是××的老师，想了解一下他在家里的情况。"家长立马清醒过来："老师，不好意思，我睡着了。他怎么了，是不是又犯什么错误了？你告诉我，他回来我一定收拾他！"听得出来，那位父亲对自己的孩子十分关心，但也十分严厉，这应该是他怕父亲的原因了。我连忙说："没有，你误会了。他在学校表现很好，学习非常努力，但成绩不是很理想。我想了解一下他在家里表现怎么样。我可以更好地帮助他。"沉默好久，我才听到电话的那一头传来声音：

"老师，自从儿子上高中以后，我就基本上没跟他说过什么话。每周他一回到家，就直接钻进房间，开始我以为他是沉迷电脑游戏，偷偷看他，却看到他一直写作业。叫他吃饭，他也是快速吃完就回房间，什么话都不说。有一次我对他说：'你不要一天什么话不说就知道学习，我告诉你，你要学习的话，考试就给我考好一点儿。不要天天看起来很努力，却还是考这样的成绩。这次考试，你要还考不好，我就把你转到其他学校，省得每周还要接你送你！'"家长的心情非常激动，一口气说了许多。听了这番话，我明白了，孩子表面怕的是成绩，真正怕的是他父亲。于是我说："这位家长，你先不要着急孩子的学习成绩，先关心孩子心里想的是什么吧。你儿子除了每天背负着学习的压力，还要背负你给他的压力。你知道你当时说要给他转学对他有多大影响吗？他怕转学，因此每天起码比别人多学习3小时。别人在吃饭，他在学习；别人在操场打球，他在学习。为了学习，他几乎放弃了所有活动的时间。你应该想想，是否在教育方法上出现了问题？您和孩子好好谈一次吧，隔阂消除了，孩子成绩才能真正提高。"我也非常激动，因为我实在不想看到这么努力的一个学生因害怕无法得到认可而铤而走险。过了一会儿，我听到了家长颤抖的声音："老师，没有想到我的一句话会对他的影响这么大。我这周末一定会跟他好好谈谈，您放心吧。"电话挂了，在那嘟嘟嘟的挂断音中，我想着，下周的他会有什么样的变化……

润物无声，狂风暴雨都只为走进你的心里

王君贺

我要讲的这个故事，有的老师已经亲临事故现场，也目睹了事实。四班有这样一个怪孩子——H同学。开学几天来已经有几位老师跟我反映他上课时从不抬头，跟他说话也常常是爱理不理。我早就注意到这个孩子了，也承诺一定给各位老师一个满意的交代。

不禁想起那张总是黑黑的面孔。从军训的第一天起，他就表现得很不耐烦、从不正眼瞧人，总是低着头，脸色异常阴沉，偶尔能触摸到的眼神里也说不清是对我的不屑还是挑衅。

"青春是一道明媚的忧伤"。直觉告诉我，一个脸上从不见笑容的孩子一定有他无法释怀的心伤。

可是我一直很难走近他，更没有机会走进他的心里。

回想起第一次和他的对话：在车上核对人数时点过名字，到了育新学校重新整队，为了尽快记住每个孩子的名字，我就按照队形走下去，一个个主动对他们的名字。可偏偏到了最想认识的H同学这里我把很相似的L同学的名字说成了他。

"老师，我就那么难辨认吗？"

这一句反问，真是让我又气又难堪。第一次，我不想发作，忍了。但是这下我真的记住他了，因为他太与众不同了。

每次休息时，别人或按教官的要求坐着、站着，他偏偏不正不歪地半躺着。在他们的军装由迷彩服换成橄榄绿的时候，每个人都更精神了，可是偏偏他的军帽上有一根线很长，就那么垂在耳边很显眼，他也不管。趁他们休息时，我无声地走过去学着妈妈做针线活的样子，用手指一缠就把那根刺眼的黑

线扯断了。可是一直到训练结束，他那因为我扯线头而明显歪了的军帽就那么戴着，即便是左边的眼睛已经在帽檐里看不见了他也无动于衷，始终不去整理一下。

我多少有些受不了了。一个太无所谓，眼里似乎从没有别人的孩子，我能拿他怎么办呢？我甚至已经向心理老师求助。

开学后各科老师对他的反映不断，内心无比焦灼的我，一直在寻找一个机会和他聊聊天，可是想打开这个孩子的心门真是太难了，他从不给我任何机会。

开学初，我得收齐学费银行回执单。他的卡号不清楚，我再三督促他周末回家要问清楚。可是回校后他还是说忘了。从返校到第二天的下午我已经第五次找到他，叫他给家里打电话，他始终没有去做。

那天下午，当我和他再次说起这件事，他都没有理睬我，直到最后他瞟了我一眼说"知道了"。我真的忍无可忍了，我真的不想再去找那个突破点了。我爆发了，可谓是狂风暴雨，也可谓是歇斯底里。我怎么会遇见这样的学生，他怎么如此不懂得尊重人？

全班同学在一片安静中看着我，看着他。他没有任何表示，没有惊恐，也没有和我对峙。广播响起了，我只好压着没有发完的怒火走出了教室。

接下来很长的时间，我都在想该如何继续引导这个孩子走出自我的圈子。是把我还没有说完的话找机会对他说完，直到他改变为止，还是做一点"善后工作"，再心平气和地同他谈一次呢？

晚自习上课前，我走到班级，才再次看到他。我看到他第一次正面抬起头看了看我。

我很平静地走过去把他叫到了办公室，看出他有说话的欲望却不知道怎么开口。其实我并不期待一个倔强的高中男孩能突然间就向老师道歉认错。

既然他给我的第一印象是从记名字开始的，我就问了他两个问题：一是开学一周多了，每个老师都给你上过课，有个别科目已经上过四五节了，那么九科老师你都记住了哪位老师的名字呢？

他说大部分只记住了姓。

于是我就问数学老师上课最多，那她姓什么？

他竟然也没有想起来。

"那么你凭什么要求老师第一天认识你们50位同学，第一次核对姓名的时候就一定要记住你一个人呢？"

他又一次低下头，无语。

于是我慢慢地开始讲述从我认识他到今天他给我的每一次印象和老师给他的每一次关爱，每一个机会。

"你总活在自己的世界里，有没有想过你的这些不理不睬给别人造成多大的伤害？"

我问他，到了这个陌生的环境，你更愿意和班里哪些孩子交往？他回答和大家一样喜欢那两个整天搞怪又可亲的男孩子。

"可是你的态度和眼神总是对老师和各位同学极不尊重，你认为会有人喜欢和这样的同学认识吗？越是这样就越难融入集体，对吗？"

当我讲到其实我已经向他的家长侧面了解到他初中的学习和生活状况，说可能是由于初中后半学段成绩下滑，没有进入更好的学校而对这个陌生的集体很排斥等原因后，他终于开口了。

他说其实这些原因都是次要的，主要是因为父亲最近生意非常不好，他在家非常不开心，在校也总想这些事。

我终于抓住了他内心闪现的星星之火，心想决不能让它熄灭，于是立即跟进说道：

"老师实际上非常敬佩你这样能为家庭、为父母分忧的孩子。你很懂事，也很有男子汉的担当。"

然后我给他讲了自己的一部分奋斗经历，同时告诉他：奋斗才能改变现状，把现在这种精神状态带到学校、带到班级不仅于事无补，还会给身边的人造成更大的伤害。尤其是你有没有想过当父母看到因为自己生意的问题给孩子造成如此大的心理负担，他们心里会有多内疚、多自责？如果看到你通过努力改变现在的困窘状态，那他们该有多欣慰？

最后我郑重地告诉他："作为老师，更作为班主任，我希望你今后能抬起头来，挺起胸膛做个像样的男子汉！"

他默默地走了，我没有听到他说一句："老师，我错了。"可是在课堂上我终于看见他抬头了，在走廊里也能听到他问候"老师好"。

男孩子总是勇于表达他们的愤恨与不满，却羞于表达他们的爱。

虽然他脸上的笑容还不算多，但毕竟他已经偶尔能和后桌的男同学课下聊聊天了。

曾在文章里看到：一个优秀的教师须是"柔软的"。我也努力这样做着，但是这一次，我真的不是"柔软的"。因为教育本来就是多元化的。我想，作为老师，也应以知识和真理为上帝，不唯师，亦不唯生。要让学生和我们一样明白，每个人都必须尊重秩序，服从法则，才能赢得彼此的尊重。

我也这样告诉我的所有学生，只要你是值得人尊重的孩子，我就会一直引领着你前进，就算你要放弃，我也不会。"尘随马去，月逐舟行"，对你们的爱从不因你们的犯错而减一分，只会因你们的每一次进步、成长和成熟而更多一点！

我动了你的手机

闫瑞习

一天晚上，我还未进教室就被小云拦住。"老师，我有事跟你说！"她没有了往日的活泼和神采。"你说吧。""我知道是我不对，那也不能发生这样的事啊！"我更加迷惑，不知何事让她如此矛盾。

"如果是你的错就先做自我批评。"

"下午体育课前我把手机放在教室的抽屉里，回来之后就不见了，我知道带手机到教室不对，我以后不会了，但那手机值3 000多元呢，我往返学校要用手机跟妈妈联系啊。"

这是盗窃，轻视不得。

"是不是你忘记放在哪里了？或者哪个好朋友借用忘记跟你说了"，"都不是，我记得很清楚是放在抽屉了，而且没有人借过手机啊"，我才记起，她是班上记忆力和人缘最好的同学。

霎时，一些念头闪过，这是我班同学干的，体育课时回来过，通过录像一定可以查到，不能在班上宣布此事。于是我一面让小云问问好朋友，另一面去监控室看录像，在录像里我看到了一个熟悉的身影，她翻过两个人的抽屉，一个是自己的，另外一个正是小云的，她就是我要找的人——小慧。我脑海中充满了很多疑问：小慧有手机，而且跟小云是要好的朋友，她为什么要这么做呢？我不想放过任何一种可能，打算找小慧核实此事。

可是第二天早读，我刚进教室，小云就兴高采烈地告诉我："老师，我的手机找到了。"我悬着的心放下了，但想听到更多的细节，微笑着问她"说说怎么找到的"，可是这一问打破了我原有的美好设想。

"我今天早读前去厕所，就看到手机在洗衣液瓶子的下面，但卡被扔掉了。"

"找到就好，要吸取教训啊！"这件事对小云来说算是结束了，但对我来说才刚刚开始。

为了保护小慧，我分别找了包括她在内的六位同学谈话，小慧来到我跟前时就说："老师，那件事是我做的，我只是觉得她那手机比我的好很多，没想到事情这么严重，我求你不要跟家里人还有同学说，我再也不敢了。"

我脑海中闪现了很多场景，小慧努力学习，大方开朗地与同学交往，热情地为班级服务，可这些场景都很难与小慧现在所做的事情联系在一起。我迫切想知道真正的原因。于是，谈话结束后到小慧家里做了一次家访。

家访中了解到，她三岁时父母离异，一直与妈妈、哥哥在一起生活，所有的收入勉强能维持家里的生活，但我没有跟她们说手机的事情。

放学后，我同小慧进行了较为深刻的交谈，最后我劝诫她说，拥有一部漂亮的手机是你现在的梦想，人生中还会有很多其他梦想，但梦想一定要通过自己的努力去实现。她满含热泪地说："老师，我懂了，我现在等不及了，我一定要跟小云道歉。"于是，我和年级长，一起安排她们两个进行了单独交流，半小时后，她们相拥而泣，冰释前嫌。

一周后是小慧的生日，在生日贺卡上，我多写了一句话："唯有努力能拉近梦想。"

自那以后，小慧再也没有做过类似的事情，而且更加努力、上进了。逢年过节，她总会发条短信给我："我离梦想更近了。"

在成长的道路上，学生总会出现各种各样的问题，体无完肤的批判固然让人刻骨铭心，但尊重而到位的疏导才让人受益终身。

你 快 回 来

马睿东

我的故事要从这个孩子说起。

他叫H，是我们班的新生。初次见他，他的脸上写满了青春的朝气和可爱的笑容。他喜欢笑，无论在哪里，有他的地方都回响着他纯真的笑声。可是有一天，他不再对我笑了。

这件事起初我并没有很在意，时间长了，才发现有点儿不对头，我想找他问问为什么，又不知怎样开口，所以一直偷偷地观察。终于，在一次数学考试之后，成绩并不理想的他被我抓到了把柄，我约他出来谈一谈，在午后阳光明媚的走廊里，我们开启了一次心灵的对话。对话的过程很艰难，他似乎对我有所保留，想说，却只是动了几下嘴又把话咽了回去。于是，我开始尝试问他问题，从身边的生活、朋友、环境逐渐谈起，终于，当我问到为什么他最近变化如此之大时，他对我说了真话，听了之后，我愧疚不已。

那是开学时的一次数学考试，同学们都在安静地答题，H也很努力。可是不到半个小时，他就把笔放在桌子上不做了，我以为他做完了，心想你小子好快呀，于是我就提醒了一下，做完的同学请检查一下试卷，他依然没有反应，好，我看你能考多少分！

收完卷子，我回到办公室。可是不到一分钟，H就急匆匆地跑过来，一副欲言又止的样子。我故意提高嗓门问他："你怎么啦？"H看看我，低着头："老师，我错了！"

"哪儿错了？""考试犯错了？""你不是答得很快吗？甚至自信到不用检查试卷的！""……嗯，我太粗心了，没有看到试卷背后还有一面。"

晴天霹雳！电闪雷鸣！瞬间我被他激怒了！我把他狠狠地训了一顿，临走

第三辑 尊重这把钥匙

时还说了他一句："你能不能再蠢点儿！"

是的，就是这件事，我想起来了。

看着眼前的他，我心里忽然有一种说不出的悲伤，这样一个爱笑的孩子竟然因为我的几句话而伤心，我是多么的愚蠢，又是多么的懊悔呀！

我尽量克制自己的情绪，真诚地向他道了歉，H说："老师，我不怪你，是我错了。"听了这话，我更加难受了。

后来的日子，H似乎变回了以前的样子，又爱笑了。可是，我总感觉这笑声让我有一种莫名的伤感，或许，是愧疚吧。

教育孩子不要狂风骤雨，要柔情似水，不要高高在上。静待花开的境界不是每个人都能达到的，却是每个人都可以追求的。这就是我和H的故事，如今他又在我高二的新班级了，每当看到他，我好像就知道自己该怎么做了。

一份保证书

叶 俊

看到这段话，我想起了去年我班的一个孩子……

曾经有三个这样的孩子——一个曾被认为思维混乱、一个曾被看作近乎白痴、一个曾被喻为不务正业，然而成年后却成就卓越，他们就是爱因斯坦、罗丹和达尔文。其实，曾被我们"预言"不成器的学生中，虽没有像爱因斯坦、罗丹和达尔文似的著名人物，但也不乏过得幸福，事业小有成就的普通人。其实，每个学生都心存梦想，都有一座属于自己的天堂，我们不能发现它，那是因为我们还缺少一双智慧的眼睛。

去年开学三天左右，我班转来一名身材高大的学生，通过简单的介绍他正式成为高一（16）班的一员。第一眼看到他那不可一世的眼神，我心想以后这名学生会比较麻烦。经过一周的观察，我发现他能很快跟同学打成一片，同时他也把班级的规章制度都破坏了一通：上课迟到、作业不交、晚自习讲话、私带手机，还经常趴在桌子上。找他谈话，无济于事。让他写检讨，草草几个字。一气之下，我拨通了他父亲的电话，与之谈了很久。终于商量出了一个好办法：让他写下一份保证书，并要求他和他父亲在保证书上签字。之后的一段时间我一直观察他：发现他跟同学的关系都处得很好，而且他总是去篮球队看球。后来我跟他聊天才知道他喜欢篮球，小时候学过绘画。一段时间后，我委托校篮球教练带上他，他顺利通过考核进入校篮球队。经过那一次后，他好像变得很积极，后来他成了我班的体育委员兼美术课代表。

高一临近分班时，他主动找到我说："老师，我想进美术班。他父亲也跟我谈过这样的事……"当时我想了想，他的成绩的确不怎么好，全年级排在900

多名，分班进入高二意味着人生的一个选择。

虽然不知道将来会怎样，但我尊重他的选择。

思考：学生和老师之间有一份盟约或者说保证，也能促进学生积极的发展，或许通过一些事他还能成长不少……我们这样做，或许教育效果不一定好，但至少不会伤害学生。我们这样做，或许不一定会成为最优秀的班主任，但起码不会平庸。

沟通——从信任开始，希望——需要等待

钱栋梁

  班主任工作，源于心与心的沟通。每颗"心"里面，都有一个非常复杂的世界。而沟通的基础在于信任、包容和等待。

  上学年我班一个叫阿原的学生，让我产生了上述想法。

  开学第一天，他就给我留下了深刻的印象。走路时，他的两只手总是向外摆动，坐下后两手抱胸，靠在椅背上，一副不可一世的样子。接下来的日子里，我果然领教了他的不可一世，做操时间他总是肚子痛上厕所，宿舍里睡不着，上课总是睡觉，和他讲话时，他也总是拉着个脸，眯着眼睛有一句、没一句爱理不理的样子等等。

  尽管他的样子总是让我很不舒服，在自荐班干部时，他跟我提出要当课代表，我犹豫了一下，"他能做好这项工作吗？会不会在班级起到反面作用？"于是我问他原因，他说，他就数学还可以。我抱着试试看的心态同意了他的请求。第一次考试下来，他的数学成绩居然倒数，正好那段时间他还当堂顶撞我，当时我就把他拉出来，想把他的职务撤掉，就在那一瞬间，作为老师的敏感让我换位思考了一下，他也就在数学上还有点儿自信，如果我撤掉了他的课代表职务，也许他整个人就没什么希望了。抱着这个想法，我放下了面子，和他进行了一次深入的交流，他知道自己错了，对我说了声对不起。那以后，我们的交流变得顺畅多了。

  再以后，为了改变班上同学学习氛围不浓的状况，我以课代表为核心，把该科成绩优秀的同学组织在一起，成立一个学习小组，每天下午自习课时集中讨论当天该科的作业，写下每道题的思路，下课前在班级公布，很多人的学习积极性得以提高，在期末考试中，阿原的数学成绩班级第一。

  我用心给了他一颗希望的种子，这颗种子在他心里终于开花结果了。

桥　梁

王　燕

一个周五放学前，我收到了陌生号码发来的短信："我今天不回家了，偏要去，不要你管。你要是敢告诉老师，就等着后半辈子看着我的照片缅怀吧！"这莫名其妙的短信是谁发来的呢？

正当迷惑不解时，我的手机响了，"王老师，我是陈曼榕的妈妈！短信您看了吗？她说要和同学去笋岗买新年晚会的道具，我不让她去，她就跟我吵架，还拿死来威胁我，她走了吗？是和男生一起去的吧？她会不会早恋？会不会离家出走？……"电话那头又焦急又生气，提出一连串的问题。

当我找到小曼时，她一个人在教室，果然没有要回家的意思。她一看到我，马上就哭了，不知所措的表情很可怜，很委屈。我拉她到办公室，拿纸巾帮她擦了擦眼泪，说道："你为新年晚会的事受委屈了……"她抬头惊讶地看着我，眼里全是泪水。"老师，妈妈冤枉我，我不想回家！可也不知道去哪儿。我只有妈妈一个亲人，她还这样对我……"当说到"九年了，每当我做作业的时候妈妈都坐在旁边"，我再一次被这个母亲的行为打动了，也深深体会到了孩子的痛苦。

"妈妈总说很爱我……"

"你觉得她不爱你？"

"那倒不是，她怕我一个人寂寞，怕我不好好学习，她说我们相依为命要自强不息……"说着说着又哭了。

正说着门岗打来电话。我对小曼说："你妈妈来了，先去屏风那边躲着，要不想回家就不要出来。很快，小曼妈妈气喘吁吁地进来了，"老师，小曼呢？""别着急，生活老师陪着她呢！"

任何坚强的人都有脆弱的一面，她瘫坐在沙发上，发泄一样地哭，说自己在单位不敢哭，回家不敢哭，当着孩子的面更不敢哭……一边哭一边讲自己辛酸的往事，爱与恨交织着……就在这时，角落里响起了哭声，她顺着哭声走过去，一把把女儿抱在怀里，我的眼角也湿润了……

　　平静下来以后，我对小曼妈妈说："孩子很懂事，她很爱你，不想被你冤枉，你爱孩子、想了解她，就不要拒绝她的朋友。明天有空，咱俩也一起去吧……"第二天，小曼妈妈见到了心中的假想敌，看着孩子们无忧无虑地谈着笑着，她悄悄对我说："王老师，谢谢你，好多年我都没有这么轻松过了。"

　　从此，她经常邀请小曼的朋友去家里，班里的同学都说很羡慕小曼有这么好的妈妈。一次一次的沟通，小曼再没有说过让妈妈心寒的话，听话乖巧的脸上多了几分自信和幸福。我也成了一座沟通情感的桥梁。

　　这些年在深圳我遇到过很多小曼这样不幸的孩子，我不能改变他们残缺的家庭，但我一直努力着让他们幸福多一点，再多一点。

爱，永不止息

姜陆陆

这是一个用爱温暖留守孩子的故事。三年前支教时一个周末的夜晚，我经过山区的教室时，看见一个小小的身影，在昏暗的蜡烛下学习，是这个班的班长小艺，班上第一名是她，减免学费的贫困生名单上也有她的名字……

"丫头，怎么不回家？"

"我家远，来回时间长，就不回了。"

"那，家里不惦记你吗？"

"嗯，妹妹陪奶奶在家。"

"那你爸妈…"

"他们在辽宁打工，我两年没有见他们了……"我恍然大悟，小艺是山区里最常见的留守儿童，父母在外，家里只有老人和孩子。

寒冷的冬天就这么来了，许多人都穿上了棉衣或羽绒服，小艺却还穿着单薄的外套，红红的小手上有冻疮在肆虐。

"丫头，不冷吗？"

她摇头："老师，我不冷。"

我的心震了一下，我把她同宿舍的小葵拉到一边，"陆陆老师，班长没有羽绒服，只问我借了一件薄外套……我们问她冷不冷，她说不冷。"

我愕然……两百元的学费尚且给孩子带来巨大的压力，此刻天寒，她又能拿什么取暖呢？而我要用什么来温暖这个孩子，又不至于伤害她的自尊呢？我盯着日历出神，后天，11月23号，恰好是小艺的生日，办法虽然老套，但效果会比较好…

我用大半天时间转了几次车，走了许多地方，才找到适合她穿的羽绒服，阳光般的橙色，订了一个大蛋糕，还到超市挑了一堆孩子们爱吃的零食……23号如期而至，宿舍里孩子们唱着生日歌欢呼起来，吹灭了蜡烛的小艺看着我拿出羽绒服，哽咽了……

"爸爸妈妈，这是我第一次吃到自己的生日蛋糕，我不冷了，我想你们……"这是小艺写给父母的信中的一段话。后来我批改她的随笔，有个东西在我眼前明艳地笑，是那件羽绒服的标签，她把它做成了书签夹在里面，每一次我批改随笔时，都能看到这张特别的书签……

时光荏苒，我要离开了，离开那天是我的生日，小艺走上来交给我一本同学录，每个孩子写了一页，她的那一页写的是："陆陆老师，你不要走好不好？你走了，我们这些丫头、小子谁来照顾啊？你走了，以后再也没有人问我：'丫头，感冒了？''丫头，天凉了。'……"合上本子，我已泪流满面……用尊重的教育培养受尊重的人，用爱的教育培养有爱心的人。爱，永不止息，温暖孩子，也芳香我的世界。

尊重的教育

王佳波

　　班主任的工作对象是有思想、有自尊的学生。实践证明，要做好班级工作，必须从了解和研究学生着手。对学生个体进行综合了解、全面分析，才能够把握班集体，有效提高班主任工作水平和质量，使班主任工作更具有时代性、科学性和有效性。

　　在我所带文科补习班中有一名学生叫李龙，一米七五的个头。在2005年9月开学还不到半个月，就做了一件让人感到意外的事。原本学校通知9月16日（周五）上课，9月17日（周六）休息，可由于一些原因，还是临时改在周五上完课后回家（惯例如此）。李龙是城内住校生，上星期回去就把原先的安排告知了父母。也可能是习惯了儿子周五回家的规律，忘了儿子的话，等到晚上九点还不见儿子回来，也没来一个电话，家长急了，就打电话问我。我也很急，马上联系了班里其他男生，都说没和他一起走，也没注意到他。这一晚就在焦急的等待中过去了。到第二天我准备和校长去外面寻找的时候，他母亲打电话过来说小李回家了。

　　事情到这里并没有结束。9月18日（周日）学校补课他没来，9月19日周一他还是没来。他父亲打电话过来说那天晚上他承认与一位回家路上碰到的初中同学在网吧玩通宵，父母训了他一顿，他受不了，与他们闹别扭，嫌父母唠叨，还责怪他们把他不回家的事告诉班主任。当天他就去了亲戚家，可能要过几天来上课。怎么办？当时我想就只能等他考虑明白了来学校再说。恰巧周一晚上是我值班，有学生向我反映其实小李周六就来学校了，一直在宿舍（学校附近）。由于开学不久，补习班的学生又来自各地，所以我对大部分学生还不是很熟悉。只听有些老师反映这个学生挺有个性，脾气较偏，以前高二与老师发生争执后扭头就回家去了。人很聪明，只可惜不好学，学习成绩不太理想。我想我应该利用这个机会与他熟悉熟悉，好好谈谈。

到了宿舍，我没开门见山，而是先问了一句："周六晚上一个人在漆黑的寝室里害怕吗？"他说："没什么。""责怪父母，闹别扭了？"他不作声。"请你把周五那天发生的事再回忆一遍，好吗？"起先他还是骗我说在同学家过夜。问他为什么不打电话给家里，他说他以为父母会记得他要到周六才回家。我说："作为你们的班主任，可能你还不了解我，我也不是很了解你，但是我想告诉你，这次来宿舍找你谈话我没有任何敌意，也不是来找你麻烦的，是很真诚地想与你交流一下，了解一些情况。"他开始放松了，原原本本地把经过说了。我认真地听完后，说："你应该换个角度，假如你有孩子到晚上九点十点还没回家，也没电话，而且从来没有发生过类似的事情，你会不担心不着急吗？你父母打电话给我也是情理之中。也正是你父母急于盼着你回家，所以把你说的周六回家的事儿给忘了。也幸好你父母打电话通知我，弄清事情原委。要不以后你的胆子越来越大，网瘾越来越大，再犯这样的错误，到那时你就难以自拔了，后果不堪设想啊。"我问他："你想考个专业好点的大专院校吗？"沉默了一会儿，他突然问了一句："我能考上吗？"我帮他分析了2005年6月份高考的文科试卷，文科的高考分数与大专录取分数线，同时我及时表扬了他数学方面有优势，鼓励他只要语文和英语成绩上去，高考成绩就比较乐观了。听后，他感觉自己挺有信心，他说他比较喜欢数学，也答应晚上去上自习课，并答应本周五回家要向父母道歉。

在以后的日子中，我也有意识地让他为班级做些小事，他也很乐意。后来他还积极参加学校组织的运动会，并取得了不错的成绩。在课堂中，我也经常性地请他回答一些问题。作业如果做得较好，就给予醒目的"五角星"。就数学而言，成绩是在慢慢进步了。当然在文科方面，与其他同学还是有差距的，但也在慢慢跟上。

不过也不可能一下就改头换面，李龙时不时还是会懒散下来，放松自己，还是会犯些小错误，还需要老师不断纠正、引导与鼓励。

在2006年的高考中，他以较好的成绩考入了黑龙江职业技术学院，并下决心以后继续努力，争取再考本科。

的确，现在独生子女在家都享有特殊地位，在溺爱顺境中成长，缺乏意志力，缺乏责任感，经不起挫折，容易自暴自弃。由于从小听惯好话、表扬，对

第三辑　尊重这把钥匙

有利于成长的教导或批评，容易产生逆反心理。而作为班主任，就肩负着对学生进行思想教育，帮助学生学好文化科学知识的同时促进他们身心健康发展，陶冶情操的重任。

作为班主任，要充满爱心和信任地去了解和研究学生。从学生的心理需要上讲，爱和信任是他们最渴望得到的东西。学生渴望在充满爱心和信任的环境中成长。班主任对每一名学生都应一视同仁，要善于发现每个学生的长处，看到他们的闪光点，尤其是后进生，当他们有了进步，哪怕是一点点，都要给予及时表扬与肯定，帮他们树立信心，从而促使学生在良好的发展轨道上迈进。

作为班主任，要能在尽量短的时间内了解班内学生各个方面的情况，把握他们的性格特征、兴趣爱好等，为今后教育工作的顺利开展打下基础。要善于观察学生学习、生活中的真实表现，洞悉学生的内心世界，经常性地与学生广泛接触，帮助他们克服学习、生活中的困难。

作为班主任，要争取班干部、家长与社会的配合，以此来更深入地了解和研究学生，并附以尊重的教育。学生成长期正是世界观逐渐形成的重要时期，虽然他们要求上进，但由于年龄小，阅历少，缺乏经验，因而不善于辨别是非、善恶、美丑和真假，甚至还可能沾染一些坏思想、坏习气。因此班主任要在各方面调查了解，找到恰当的有针对性的教育学生的办法，迅速有效地提高班主任的工作水平。

花开各有时

郭美松

今年是我做班主任的第一年，像每一个新班主任一样，我会对学生有着许多许多的期待。比如希望班级的每一名同学都能严格遵守学校的各项制度，大家都能积极向上奋发图强，尽力完成老师布置的作业。因为在我自己的求学经历中，一直都是这样一步步走过来的，所以觉得我的学生们也一定可以做到，但是我忽视了时代和成长环境给我们师生之间带来的差异。随着时代的发展，学生们可以选择的空间越来越大，不再仅仅局限于升学一条路径，深圳的孩子家庭条件普遍比较优越，所以很多孩子都会有学习动力不足的问题，行为习惯也比较松散。新学期伊始，班级就有几名同学出现了不同情况的不适应，在与他们沟通、相处的过程中，我的一些旧观念也在被改变。

开学第一天，我就对班级同学讲明了班规，希望每一个人都能高标准、严要求地对待自己。结果没几天，班里的邹同学就来找我说想要走读。在和他谈话的过程中，我了解到他想要走读的原因是想回家打游戏，他的家长也说他在假期的时候和网友说好，开学后就走读，这样每天回家还可以一起玩。一开始我了解到这个情况之后，并不同意他走读，因为每天晚上走读，不仅浪费时间精力，而且回家打游戏不是正当的走读理由。为了改变他的想法，我连续几天和他谈心，希望他能意识到在高中这个阶段最重要的事情并不是打游戏，而是应该树立一个积极的人生目标并为之努力。按照老师的思维方式，这样做是对的，但是如果站在学生的角度，对的却不一定适合他。在和他谈话的过程中，我发现他并没有很强的学习动力，只有在游戏中他才能找到快乐，而快乐才是他现在唯一追求、在乎的东西。之前他的家长也以此为条件，答应了他只要能进重点班就允许他走读回家打游戏。不让他走读，他不仅会消极抵抗，而且对家长以及学校也会产生很强的不信任感，觉得大人们都说话不算数。

考虑到他的特殊情况，我同意了他的走读请求，并和他约法三章，走读期间不能迟到早退，上课按时听讲认真完成作业，在家玩游戏的时间也不能超过一个小时，如果做不到那就取消走读。在我同意他走读之后，这个孩子的精神状态有明显的好转，因为课上效率比较高，学习成绩甚至比之前有所提高。这不禁让我开始反思，用唯一的、"正确的"标准去要求全部的同学，对他们一视同仁，真的是最好的方式吗？学生的个性千差万别，用一样的方法与标准去教育所有的学生，是不是也一定程度地扼杀了许多孩子的个性发展？之后班级另一名学生的情况，更加让我反思这一问题。

邓同学也是我班里问题比较大的学生，他学习习惯不好，缺乏主动性，因为沉默寡言，在班级的人际关系也不好，第一次考试，就是班里的最后几名。刚开始由于各科成绩都比较差，所以我以为他不适合学习物理、化学这种逻辑性比较强的学科。我一直试图用与其他同学一样的标准来要求他，但几次谈话都没有大改变之后，渐渐地有些对他失去了信心。而转机就出现在我对他稍稍失望，因此降低了对他的标准之后，我不再用对待其他同学的标准去要求他，反而开始发现他一点小小的进步，并对他加以鼓励。而在我对他进行鼓励之后，他也仿佛找到了自信心，进步越来越明显，从来不会主动问问题的他，居然开始主动找老师问问题，各科老师也反映他的学习状况有所改善。除了在学习上取得进步，他在班级也开始与同学交流，下课结伴打乒乓球的男生中，也开始出现他的身影，像其他同龄孩子一样的笑容，也出现在了他的脸上。

我们常用花朵比喻学生，学生都各有特性，就像不同品种的花朵一样。好的教育，应该能意识到不同学生的差异性，允许他们在不同的时间开放，万紫千红各成一景，而不是一味地要求所有的花朵都能按照统一步调准时开放。有的花朵开得早一点儿，有的开得晚一点儿，但只要最后都能开花结果，早晚也并不那么重要。教育需要因材施教，也需要再多一点儿耐心去静待花开。不用同一个标准去衡量所有的学生，对待每一个孩子都应该有不同的评价标准，用发展的眼光去观察，总能发现他们身上的进步和闪光点。教学相长，在孩子们身上我学到了很多，也会在今后的工作中不断完善自己，去帮助每一个孩子达到他理想的高度。

第四辑

——

青春在自信中绽放

出的是力，磨的是心

钟 贞

新接手这个班级时，我收到班主任发出的补考名单。全班只有一人，满分150分的试卷，考了65.5。抬头环顾全班孩子，哪个是他？孩子们回我以微笑的眼神，而他，大概隐身在哪个角落吧。

开学第一次收作文，课代表抱来48张平滑的作文纸，加一块被揉得稀烂的纸团。小心翼翼展开，黑色的墨迹爬满了纸格，上面写着一个精神病患入住医院，却一直以为自己身在校园的故事。歪歪斜斜的签名，我知道是他。其余48个孩子只写出800—900字，他写了两千余字。在那个故事里，精神病患中考失利，误入他校，无人赏识，也不可能被认可。我惊讶于故事的悲观色彩，更为他的文笔称奇。不夸张地说，对于叙事，对于人物刻画，他游刃有余。

我去找他。照着座位表沿路走去，他坐在教室的最角落。记忆里似乎不曾有这样一张脸，太平凡，除了眼神。他的眼睛写满惊恐，似乎不曾期待有人探访。

"小刘"，唤他的名字，他躲开目光。

"你写得真棒！"他更惊讶了，抬起头看我。

没有说太多，只反复重复对他文笔的认可。他不作声，后来上课，却能感觉到角落里闪烁的眼神。

第二次作文，题目是"在自然中生活"，特意翻看他的那篇。写老和尚与小和尚的春夏秋冬，写岳飞将军驰骋沙场的骁勇故事。结尾却太悲凉，奸人所陷，将军战死。

"写得真棒，要是结尾能明朗一点儿就更好了！"

"现实哪有那么好？"

"也不尽是坏事，你看你们班主任。"我指指教室的后面，"出那么多力，磨的是心，多累！但看着你们一点点长大，你成绩进步了，老师也高兴呢！"

"老师，你以为所有老师都记得我名字吗？"

期中考试后的家长会，我见到小刘的爸爸。在许多衣着光鲜的家长旁边，他与他的儿子简直如出一辙，平凡无华，甚至有些谦卑。他走过来，语气里满是着急："钟老师，我儿子初中作文不错，但中考后就不行了！其他几科也越来越差，我看他这次分班考试是不是要完蛋了……"这位老实巴交的父亲，焦虑得满脸通红。

开学后，我找到小刘。轻轻拍他的肩膀，冲他笑："老师见到你爸爸了。"话音刚落，他眼圈就红了。

"我爸爸……老师，我爸爸挣钱很不容易……他没有别人的爸爸那么有本事！可是老师，我很想让爸爸高兴，可我怎么做，都没办法……"孩子哭得声音都变了。

把他带到走廊，我说了谎："小刘，你爸爸说你很棒。真的，他说你初中成绩一直很好，这次分班考试，肯定能行！"

孩子擦着眼泪，默默点头。

下半学期很快也过去了。班主任把小刘换到第三排，在教室中央。上课时我感觉有一块磁石，我知道来自哪里。

期末考试后，手机里有一条短信："老师，我不敢相信，我的语文考了119分。是弄错了吗？……老师，你帮我去查查吧。"

我翻找卷子，很快找到那张黑色墨迹。他写的是《父亲的后背》，在父亲背后度过的年少时光，是他成长的点滴记忆。他的分数没有错，而那次，年级的平均分只有92.6。

新学期很快开始，我自己也成了一位班主任。告别第一届学生，偶尔在路上碰到，总如老友般倾谈。

有一回，正开班会，班门口突然拥聚来一群学生。出门一看，小刘站在最前面。"老师，我们来看你！""老师，你这么温柔，新学生会不会不听话啊？""老师，当班主任很累吧？"

大家叽叽喳喳地问个不停。小刘偷偷递给我一张皱皱的纸条。

回个身，我展开："老师，你也很棒。班主任出的是力，磨的是心。你一定能行！"

呵 护 心 灵

姜艳华

　　在讲故事之前我想和大家交流一个案例：上学期学校搞"阳光学子助学金"活动，并且告诉学生绝对不公开姓名。结果还是好多班级没人报名，但是据我了解，家庭贫困的学生还是挺多的，那么为什么会出现这种情况？一天，我班一名品学兼优的同学私下找我，扭扭捏捏地对我说："老师，我想报名，但是你真能替我保密吗？"我顿时感受到了这位同学内心复杂的想法，特别是家庭的贫困给他带来的极度的自卑！我不知道大家听了会怎么回应这位同学。

　　二战期间，在德国一个人烟稀少的村子里有一位老人，生活得很安宁。一天，一位头戴礼帽、手提皮箱的男人在他家院子的栅栏外徘徊，一脸的焦虑和沧桑。老人观察良久，然后走上前去对那男子说："先生，你是否愿意帮我把栅栏里的木头扛到那边的角落里去？我老了，扛不动。"男子眼睛一亮，连声应答，脱去礼帽风衣，很卖力气地把木头扛过去并摆放得整整齐齐。那天晚上，那男子心情愉快地在餐厅里与主人共进晚餐，热烈交谈，讲述战争结束后的打算。最后，男子酒足饭饱后又踏上他漂泊的旅程……整个战争期间，从城里逃难出来的饿肚子的人很多，那位老人家里的木头无数次地被从院子的两头来回扛过，而每搬一次，就会有一个客人与他共进晚餐。其实，那堆木头根本不需要搬动。这是何等的仁慈心肠！当他有能力帮助他人时，却小心地把自己的优越感掩藏住，给受助者一个机会，以便使其感到自己的受助是因自己付出而得到的报偿，从而心安理得，并不蒙受一点儿难堪。大爱无言，大智若愚。我想，教育者在教育学生的时候，需要的就是这样的大智慧。

　　所以我当时这样回答这位同学："这次'阳光学子助学金'活动是专门针对品学兼优同时家庭贫困的同学开展的呀，能取得这个资格是一种荣耀，首先你在班级的表现是大家有目共睹的，另外家庭暂时的贫困不是什么丑事儿，朱元璋小时候还是个孤儿呢，所以在困境中出人头地的人才是真正的强者！"听后，他非常郑重地向我敬了个礼，原来的自卑与尴尬不见了，眼里充满了感激与自信，说了声："谢谢老师！"从那以后，他整个人开朗了很多，学习上也是突飞猛进，并且对待班级工作更加认真负责了，在期末分班时他给我的留言是："老师！谢谢您的那番话！我一定会好好学习，回报学校。"

教师整天面对的是一群天真烂漫的青少年，他们的心灵需要倍加呵护，特别是在成长的过程中他们出现一个个问题时，更需要教师们小心翼翼地给予保护，使他们的问题得到解决的同时免受伤害，不在心灵中留下一丝阴影。只有做到这一点，我们的教育才可能成功！

嘴角轻扬

吴义奇

2008年我带的苏州班里有个女生，人很聪明，对美术特别感兴趣，性格倔强，逆反心理很强。有一次因为我没有给她改画，她与我起了很大的冲突。她在全班60多人面前顶撞我，当时我也很生气，批评了她，还一脚踹坏了教室的门。其他的同学也吓坏了，因为他们从来没见我发过这么大的脾气。事后我也很懊恼，左思右想，觉得还是应该主动化解这次干戈。我从其他的同学和文化课班主任那里了解到：几年前因为父母离异，父亲再婚，她一直跟着爷爷奶奶生活，养成了经常和老人顶嘴的毛病。你越是反对的事情，她就越和你对着干。在家里，一旦老人不能满足要求，她就使性子，以不去上课来抵抗老人，弄得老人实在无计可施，有时还得到学校搬来班主任才勉强解决问题。在学校，每当老师批评她时，她就瞪着老师，一副不服气的样子，甚至还和老师顶嘴。数学老师因上课讲话点了她的名字，从此她专门和数学老师作对，上课故意睡觉，不交作业。数学成绩一路大亮"红灯"。班主任找她谈话，她一句也听不进去，甚至还说："我就是个缺少家教缺少爱的孩子！"她的种种做法让家长和老师十分头疼又无计可施。

了解了这些情况后，我对她的怒火突然间消失了，只想着找个适当的机会和她好好聊一聊。

有一次上头像课，我特别地观察了她一下，她画画时非常专心，而且对自己的要求非常严格，画面不容许有一点点她概念里的瑕疵，然而她现在所处的绘画阶段，这样做是很难往下走的，因为越是不敢试错就越是放不开，正常的水平也就发挥不出来。我在她背后看着她一遍一遍地起形又一遍一遍地擦掉。经过几次尝试之后，她似乎准备放弃了。我知道这个时候是我们沟通的最佳时机，我走上前，没有说一句话，只是用眼神向她示意了一下。在那短短的不到一秒钟的时间里，我却感觉到了她的痛苦和歉意。于是我嘴角轻轻地上扬了一下，在这一刻我们之间的隔阂瞬间就消失了。我给她起了个稿，和她解释了不能经常改画的原因。她很理解地点了点头。

课后我又找机会和她聊了聊，她是个自卑的孩子，并不是真的想和我作对，而是觉得我对她的关注度不够。她在文化课和其他方面很自卑，唯独在画画这里，能够寻找到一点儿自信，所以特别在乎老师对自己的看法，画不好时就特别着急，希望很快得到帮助，而忽视了自己摸索也是学习的关键。这是一个需要爱和关注的孩子，我庆幸自己没有武断地做出判断。

后来的日子里，她学习变得很主动，不再经常央求着让我改画，而是让我先提建议和意见，自己先调整，实在不行的情况下才让我给她动几笔。可能是在画画上找到了学习方法，也寻回了自信，她变得不再那么尖锐了，同老师的沟通也温和了许多。

虽然后来他们回苏州了，没怎么和我联系，但我还是很放心，因为我知道人一旦找到了方向，就不会那么容易被生活打败。

退一步，把舞台还给学生

王 健

2008年，我工作的第一年，就成为一名理科班的科任教师。所教的48个孩子，个性鲜明。在他们之中，有一名同学，给我留下了非常深刻的印象。而真正能够让我记住这名同学的，是他与老师之间发生的故事。

那是一个炎热的下午，外面三十几度的高温。教室里面，虽然强劲的空调一直在拼命地运转，力图让教室始终保持在让人舒适的温度，然而四十几个孩子的呼吸似乎能够让空调产生的冷气瞬间蒸发。像往常一样，年轻的英语老师一走进教室，便翻开教材，带领学生预习这一单元的单词。这时，有一名同学，他既不翻书，也不跟读，只是一味专注地看着老师。出于职业的本能，这位老师轻轻地敲了一下他的桌子，想给他一点儿暗示。但他似乎完全没有反应，还是在那里看着老师。突然间，他叫了一声："老师，这个词读galaxy，不是……"老师自信地告诉他，自己的发音没有问题，教材就是这样注音的。但是这名同学非常坚持自己的想法，还指出在电影《星球大战》中某某主人公就是这样说的。这位老师告诉他，电影里边的语音可能来自多个地区，就像中国的方言。而老师所教授的英语，就像汉语中的普通话。但是这名同学就是坚持："美国人这样说，我们也应该这样说。"老师的权威在这一刻遭到了前所未有的挑战！这位老师无法批评这个孩子，因为这个孩子没有错。但是此时，四十几个孩子都在等待着老师宣布这个词该读什么。如果让孩子们按照电影中的读，有可能会产生一定的问题。但是如果否定这个孩子的建议，这个孩子就一定会受到打击，甚至受到他人的嘲笑。此时，这位老师以玩笑的口吻对这个孩子说："你如果能用英语介绍你看过的《星球大战》，我们就和你一起将这个词读成你认为的那个音，并且我们会记住这个词是川哥教给我们的。"

这个孩子用了大概2分钟的时间准备，然后开始用英语介绍这部电影。介绍结束时，班级里响起了热烈的掌声。虽然介绍得有瑕疵，但是在那一刻，这名同学就是班级里的明星。这位老师看到了这个学生的成就感，看到了这个学生面对挑战所表现出来的良好的心理状态。

至今，当这位老师看到这个词汇时，总能想起那令人回味的一课，那个给了他很多感悟的学生。他退了一步，让出了一个舞台，一个让学生展现自我、找回自信的舞台。

我就是那个幸运的老师，这名学生目前在加拿大读书，品学兼优，我很想念他。

愿 做 唯 一

朱丽妹

邓亚萍、奥巴马、刘翔，这三个名字怎么会连接到一起？邓亚萍是中国迄今为止学历最高的奥运冠军，奥巴马是美国历史上第一位黑人总统，刘翔是奥运跨栏冠军亚洲第一人。答案不言而喻，因为他们都是当下的唯一，他们因唯一而著名。然而，从事教育工作的你可曾想到在多少不经意的瞬间自己也变成了唯一。

"进这个班第一次手不抖、心不乱跳地走上讲台。虽然是写东西，但是和以前的感觉都不一样了。记得跟你讲我的事的前一天，我上讲台解数学题有一种快要窒息的感觉。当时有人喊我，我头都不敢回。那时我以为我所有的本能都会在学校一点点消失。但现在我突然发现我会越来越勇敢。妹妹老师，真的很感谢你，太爱你了。"这是学生发给我的一则短信。他在短信中提到的情景到底是怎么回事？他提到跟我讲的事又是怎样的呢？

这一天跟平时的每一天没有什么不同，下课后我回到办公室刚刚坐下，正想闭目休息片刻，他快速向我走来，神情恍惚，眼睛直截了当地告诉我两个字——"绝望"。我习惯性地说了句："怎么了？"他双唇颤抖着，吃力地说了句："我有话想说。"

"那我们坐下来说吧。"我说道。"不，到外面去。"说罢，我们一起走到了办公室外边，我说："现在我们可以开始了吗？"他说："不，到那边人少的地方去。"他边说边朝前方走去。到了他认为安全的地方，我还没来得及与他对话，他一下就号啕大哭起来，哭得撕心裂肺，时不时还模模糊糊地蹦出"我受不了了，不想活了"的话语。看到眼前这种怎么也意想不到的场景，我惊呆了，愣在那儿，不知道应该怎样来面对我眼前这个绝望的男孩子。我拍拍他的肩膀，默默地守着他，望着他，时不时对他说道："没事啊，有老师在。"过了好半天，他终于道出他的苦楚。他说："老师，我害怕，我全身发抖，好像每一个人都在注视着我。今天在数学课上我被点名上讲台解题，我差点儿冲出教室。老师，我受不了了，你帮帮我好吗，我只能跟你说这件事。"我问他："你到底怕什么呢？能告诉我吗？"他迟疑了一会儿，用一副豁出去的样子跟我说道："好吧，那就跟你全都说了吧。咱们换个地方。"接着我们俩又转战到了更加隐蔽的地方。似乎刚刚到达目的地，他就像一股水流一样，直接瘫倒在地，鼻涕眼泪汇成一片。我足足蹲着跟他交谈了接近两个小时，直到腿肚发紫，胀痛。他有较严重的交际忧虑症，尤其体现在与靓丽的异性交往中。这一切都源于初中与他同桌的那个女孩。从来都没有另外一个人比我更了解这事情的始末，他拒绝告诉其他任何人，包括他的父母。那段时间，他一出现"难以自控"的情绪就来找我，或者给我发短信，打电话。我每天睡前或者起床都要看看有没有他的短信。就这样，其他同学还过着风平浪静的生活，只有我和他心里晓得我们一同经历了多少，也只有我才能懂得他内心深处的想法，因为此时老师成了他的唯一。看着他接受专业治疗后给我发的这条短信，我欣喜若狂，尽管没有人与我分享这份快乐。

教师节那天，全班同学一起为我唱了首王力宏的《唯一》。听着听着，我的眼睛不禁湿润了。台下也有更多的他懂得我此时的感受。是的，在我们班，无论是男孩女孩，他们都会用各种方式对我说："妹妹，我好爱你，真的爱你。"在这里，我也要对我的孩子们说："老师也爱你们，愿做你们永远的唯一。"

在宽容自信中，与学生们一道成长

朱丽妹

　　在每周的班级评比中，班主任和学生或多或少会有些摩擦，我曾经也尝过其中的苦滋味，而渐渐地我尝到了甜甜的滋味。

　　记得去年的某天清晨，我和往常一样匆忙走进高一（8）班教室。学生们也正如我预料中的一样，各自坐在位置上准备上早读，值日生也在认真地打扫教室，一切都是那么平静。我沿着座位通道走过去，这时纪律委员小声跟我说了句："老师，我有事要说。"我们走出教室后，他惭愧地告诉我："老师，昨晚眼保健操扣分了。"这时，我的语气有些强硬地问道："是谁没有做操？"他告诉我是王佳妮，并且强调说道，这个学生是在多次提醒下，仍旧不听从班干部劝阻，执意不做操。这着实让我摸不着头脑，这究竟是为什么呢？一向品学兼优的她怎么会这么一意孤行呢？之前她的表现和刚刚纪律委员所描述的完全不是一个人啊！由于前几天我忙于处理班级大小事情，疲惫不堪，加之这天早晨又听到这样不可思议的事情，平时让我这么信任的女孩子却在这时也出现了同样的问题，我内心充满了很多迷惑与不解，脑海里已经涌现出我不断问她到底是怎么回事的画面。但是，我并没有第一时间去面对她，因为我的直觉告诉我此刻要保持冷静。正想着这周为什么有这么多不如意呢，几颗泪珠不经意间就落了下来，模糊了我的视线。

　　伴随着第一节上课的铃声，我缓缓走向办公室。走着走着，我想起了波普说过的一句话：错误在所难免，宽恕就是神圣。是啊，每个人都不是十全十美的，犯点儿小错误是正常的现象，何况她还是个孩子呢？我应该更宽容地看待学生的小错误，让教育真正植根于爱，而不是挑剔。在当天课间操时间，我同往常一样走入学生中间，这时她径直向我走来，眼里布满了泪花，低声却真诚地对我说："老师，是我不好，对不起。"我微笑着对她说："佳妮，没事，老师真的没事，可能是最近老师事情太多了，不是因为你的事。不做眼保健操，并不是对不起老师，而是会影响你的健康和班集体荣誉。我相信你下一次肯定会认真做操的，老师一直很看好你。"我话音刚落，她的泪珠不断涌落下来，对我说道："老师，我以后都会认真做操的，不会在做操时间做题了，您放心。"

听到这儿，您以为事情就这样圆满地结束了吗？其实不然。佳妮一直以来是个乖巧聪慧的女孩儿，做事从来不用老师过于担心，可就因为这么一次扣分的经历让她在接下来的日子里神情恍惚，上课没有自信，在各种活动中没精打采的，没有了往日阳光般的笑容。此时的佳妮已经不能确定自己是否是一位优秀的学生，她开始怀疑自己的能力，把自己的一次错误扩大化。我知道她此时最需要的是老师再次给她自信。著名心理学家威廉·詹姆士也曾说过，人类本质中最殷切的需求是渴望被肯定。于是我在课堂上不断给她肯定的眼神，她回答问题正确了，我及时给以鼓励。课下我多次去她的寝室和她谈心，肯定她的长处，让她清楚地知道老师还是像以前一样爱她，看重她。渐渐地，她的笑容又洋溢在了脸上，还像以前一样那么阳光，那么向上。现在我还是会常去同学们的寝室，不仅拉近我和学生的距离，也可以更容易走进学生内心。当我以宽容的心态面对学生的每次小错误时，我发现赢得的是学生强烈的自我反省。

不要成为埋怨学生犯错误的人，而要成为让学生做得更优异的人。要对学生有信心，并及时帮学生树立自信。我深信，没有爱就没有教育。让我们毫无保留地给予孩子们宽容与自信吧，让一个又一个佳妮快乐、幸福成长，让他们在老师的关爱中走向美好的未来，因为孩子们的快乐才是我的快乐，他们美好的明天才是我们的殷切期望。

信心的奇迹

兰 岚

　　我在内地教书的学校是所省重点高中，在旁人看来那里的学生已经是一脚踏进了大学校门，应该是相当自信和阳光的了，其实情况并不是这样，他们面对的是同样优秀的对手，家长和社会的期望，紧张的学习，残酷的排名，这些让他们对自己不自信，甚至达到自卑的境地。

　　我们班有个女同学叫王薇，学习很努力，成绩优异，是老师的得意门生，也是同学们学习的榜样。一次放学，我因事耽搁晚下班，在校外看见班级几个女同学围在一起，似乎在讨论什么。我走近一问，原来同学们是在安慰考试成绩不理想的王薇。因为时间关系，当时我让她们先回家，有事明天再说。第二天我向同学询问王薇的情况，同学们告诉我：别看王薇平时一副很能干的样子，其实她挺脆弱的。每到考试她都很紧张，生怕考不好让父母、老师失望；如果真的没考好，那她就更难过了，又是责备自己太笨，又是担心自己学不好了，这种情况要持续好长时间才会缓解。听了同学们的讲述，我陷入了沉思。对于成绩优异的学生，平时我更多的是关注他们考试成绩如何，很少会想到他们也会畏惧考试，也会有失去信心、非常脆弱的时候。看来今后我也得多关注王薇同学的心理，帮助她增强信心，锻炼她的心理承受能力。课后我找王薇交流了一下，了解她的思想动态。总结下来她的想法是：一直以来都是老师、同学眼中的优秀学生，总感觉别人都在看着自己，一旦有什么闪失就可能会被人嘲笑，心理压力很大。考试成绩不好，她会觉得自己笨，对学习失去信心，甚至对自己的能力产生怀疑；成绩好，她又会担心下次考得不好怎么办。

　　面对这样一个敏感的女生，我想最好的方法莫过于为她寻找榜样了。于是，我推荐她看海伦·凯勒的《假如给我三天光明》。王薇看完后迫不及待地找我交流。她说自己太敬佩海伦·凯勒了，居然能克服自己眼不能看、耳不能听、嘴不能说三种痛苦，终生致力于社会福利事业，并且最终获得成功，受到世人的肯定。我问她："海伦·凯勒最终获得成功的原因是什么？"王薇很肯定地告诉我："是海伦·凯勒那种面对失败不丧失信心，屡败屡战的精神使她获得了胜利。"我告诉王薇："你也应该像海伦·凯勒一样的自信、乐观。"王薇点点头回答我："老师，我会努力的。"于是，我又趁热打铁让她去了解一些名人成功的经历。

看了这些名人传记之后，王薇说她发现：成功者之所以成功，就是因为他们始终以一种积极、自信的态度面对生活，面对失败。古往今来，成功人士的首要标志，在于他的心态。一个人如果心态积极，乐观地面对人生，乐观地接受挑战和应付麻烦事，那他就成功了一半。

渐渐地我发现在王薇的身上发生了些微的变化：上课时她还是和以往一样的认真，只是脸上少了从前的那份紧张；下课她也不再总是趴在桌前写作业，时常会和同学们聊聊天、玩游戏；她的家长也反映王薇在家变得比以前爱说话了，作业也不再像从前那样做到夜里十一二点了。看到王薇的转变，我感到非常高兴，但我知道"冰冻三尺，非一日之寒"，要想改变王薇还需要长时间的努力。我鼓励她把自己平时的烦恼写在周记中。通过周记我能更快、更真实地了解她的思想动态，及时帮她排解。

透过王薇这个案例，我发现培养学生面对失败的勇气和自信心的重要性。有人说，信心是奇迹，信心是心灵的第一化学家，是一个人心理建筑的工程师。的确，当信心融合在思想里，就会变成精神力量，它能促使一个人出色地完成自己的各项任务。由此可见，树立自信是多么重要，愿我们每一个教育工作者都能成为学生的"心理建筑工程师"，使每一个学生在各自的生命旅程中永远信心百倍，不被打败。

班长落选记

张美华

高一下期开学了，我带的高一（13）班按计划在第一周的班会课上进行班委会换届选举。经过紧张的民主投票和计票，13班的同学们给了我这个班主任一个大大的意外——我上学期十分信任的班长赵帅同学（化名），竟然落选了！当时，我偷偷地看了一眼赵帅，只见他一声不吭，面无表情地坐着。哎，我心中纳闷，学生们心中那杆秤怎么了？怎么能这样对待任劳任怨的老班长呢？

赵帅同学，身材不高，圆头圆脸，短鼻子圆眼睛，脑瓜挺灵活。刚开学那天，我们班要去图书馆领书。当时，图书馆书多人多，到处闹哄哄的，赵帅同学有条不紊地组织和指挥新生把书领了回来。这一次，他给我留下了深刻的印象。之后我就有意让他做些班级的常规管理工作，他都做得有条有理、有板有眼，因而赢得了同学们的信任，继而成为一班之长。当了班长后，他积极主动，善于动脑，会想办法，好多班级的工作我只要告知要求，就可以交给他去落实。有一次，班上体育委员脚受伤了，不能组织大家参加学校体育节的活动，他主动站出来喊口令指挥同学们入场，后来又担任绳操指挥。整个体育节他呼前跑后，只要是班级的事，不管是分内分外，他都一路扛了下来。上学期在他的带领下，我班常规考核获得了6星1旗的好成绩。

班会结束后，我单独找到赵帅同学安慰他。他满脸委屈，坚决要辞去自己的政治课代表一职。我首先肯定了他的工作，对他的落选表示惋惜，对他感到受了委屈表示理解。我开导他说："落选是一件让人很不好受的事情。但在人的一生中有谁能不受委屈？有谁能不受挫折？面对委屈和挫折，要更加坚定意志，这才是对自己真正的考验。你与同学们相处不是一个学期，也不是一年，而高中三年，甚至在高中毕业后的很多年，你与高中同学还会交往。路遥知马力，日久见人心。千万不能让同学们觉得你在位和不在位时两个样，对自己和对别人评价是两个标准。"赵帅同学听了后，情绪稍稍好了一些。于是，我趁热打铁，要求他在新老班委会交接的这一周里一如既往地管理班级事务，并指导新班长熟悉常规管理的一些具体要求和做法。他点头接受了。

我想弄清一向被我看好的赵帅为什么会落选。我暗地里问一些同学对老班长的看法。同学们反映，因为他很坚持原则，难以通融，所以班里有一批男生对他不满，有意利用这次换届把他选下来。接下来一周的班会课，我将要宣布老班委会退出、新班委会走马上任。为了平稳地做好交接，我特意制作了PPT，在班上展示了许多赵帅和其他班干部在日常管理、学校体育节、家长会、元旦班会活动中为大家操劳的相片，高度评价了老班委会工作认真负责，为维护班级学习秩序，给同学们营造一个好的学习和生活环境进行了不懈努力。我还特别表扬了赵帅同学能够顾全大局，有高度的责任感，不计较个人得失，善始善终地做好班长工作。同学们听了都非常感动。

赵帅同学脸上又有了笑容，他又开始组织排练班里的英语话剧了，又开始张罗班里同学的生日派对了……上周，13班补选晚修纪律委员，他重新获得了同学们的信任，光荣当选。

我欣喜地看到，经过了一番风雨后的赵帅同学比原先多了一份大气，多了一份成熟。

说他行，他就行！

王峥

初接高二（2）班时，拿到花名册向之前的班主任了解情况，有一位同学被如此评价："这个学生，班上典型的刺头，好事不做半分，成绩和常规给我惹了无数的麻烦，有了他，我得少活十年，你要注意啊。"这就是我对于Z的第一次了解，也是他给我的第一印象。

到了自己手上，我特别关注Z同学的一举一动。过去近一个月，我算是彻底领教了他的"威力"。从迟到、值日之类的班级常规到宿舍内务的管理，甚至是家庭、家长之间，他无处不在生事，用数学术语评价他最初的表现简直就是：此学生分母为零，根号下为负数——根本无解。我怒过，可是生气归生气，静下心来，常常思考如何解好这道题，帮他走好高中阶段的学习生活之路。

每一次找他，询问他为什么犯错，他总是强词夺理，虚假的尊重之后是对世间万物的不屑一顾与目中无人：我知道这么做是错的，但是我控制不住自己，我不知道为什么关键时候就这样了，我也不想；老师，你已经无数次地找过我了，我也知道这苦心，但是我从小就这样，身边的人都说我有多动症，我觉得也是吧。在这样的回答下，我想，诸如"为什么别人可以控制你不行；你到底要怎样；能不能对班级和自己负责一点"之类的规劝已经丝毫没有意义，这不是一道无解的数学题，简直就是解"泛函分析"！

问了他父亲，得知他从小就生长在单亲家庭，且父母关系直接影响到他的学习。这就对了，只要是人，就会有问题，有了问题，就有需要帮助的地方，那也就是我要的黄金切入点，我需要走进他的内心。

有一天早上，我很早就到班级门口了，姗姗来迟的他于早读铃声响起后准时出现。看了我一眼，他不以为然地低下头等着我唠叨。"还没吃饭？"我递上给他准备好的早餐："不要太激动，"我调侃道，"是不是觉得在家没有温暖？"说这句话时我很轻松也很严肃，我知道他上周为躲避父母的吵架一个人去了很远的地方看书。果然，他和以前不一样了，开始和我交心，比如："是的，爸爸妈妈都不怎么管我；我已经不习惯吃早餐了；他们就不应把我生下来再让我受这种痛苦……"我认真地倾听着，迅速地思考着，然后耐心地开导着。这一次交谈后，我们开始有共同语言——英语知识、篮球、反恐游戏等等，他开始有了笑容；我很少谈及他的家庭，倒是又一次周末带着穿便服的他去单挑了一次反恐精英。游戏之后，我俩大呼快哉，我趁机给他讲了一个故事：

有一个猎人养了一群羊，有两只头羊，一只独眼一只独角，是放哨的。有天猎人发现两只羊都不见了，他很着急地去寻找，在后山的墓地，他看到了这样一幕——独眼羊正在和一只狼对峙，它身边，独角羊已经被狼咬死；独眼羊斗志很高，居然主动进攻，把那只狼顶死了！猎人很奇怪，死了的独角明明比独眼厉害啊，它们再厉害也是羊啊，难道羊也有比狼厉害的时候？他转了一圈，终于知道了答案——他看见独眼羊在干掉了狼之后，在吃墓碑前的贡品，不仅吃，还喝了很多酒。原来在狼到来袭击它们之前，独眼羊就已经醉了，它不知道自己是羊了，也不知道对面的是天敌，这样，它赢了。

听完之后，他咳嗽了一下，点点头："老师，我走了，今天很开心，游戏的事情我会保密，故事我会好好去想。"看着他的背影，我笑了，我知道这道题我即将解开。反恐精英能够打赢我的人，智商是绝对的，那么能够体味出这故事蕴含的哲理也是肯定的。回家之后不久，我收到了他的短信，这条短信我至今还保留着：老师，没有归宿令我内心漂浮不定，时而积极，化悲愤为力量；时而消极，内心扭曲，觉得烂命如此做什么都一样。但我又知道自己有很大的责任，我必须好好地发展。原五班的同学觉得我性格变了，来自别的班的学生也不理解我，大家都厌烦我。有人会认为我很懦弱，那是因为我比他们都想得长远，我还有很多需要和你讲的，短信上写不完，但是我知道一直以来对不起班级，现在我有一句话要承诺：以后不再扣分，我说过就一定会做到，我差可以极端，好也可以极端。（以上是他短信原话）

接下来，宿舍老师和班级的男生委员常常会对我说起他变了，不再惹事了，生活规律；学习委员和值日班长也常常感叹，连Z都会主动留在教室自习，我们得努力了。每次听见我都只是点头，但心里真甜啊，我知道他的改变是发自内心的改变，他信任我，也愿意面对自己的弱点和困难。期末考试，他在班上考到第三名，总分进步了近三十名次，并斩获三个单科第一。他成功了，我也成功了。虽然有时还会违反常规，但是，他已经具备自我调节的能力，我也不用再为他担心了。

放假前一天，我问他："那羊的故事还记得吗？你知道我想传递什么含义吗？"他说："当然，羊喝醉了，已经不知道自己是羊了，那么它本身所具备的实力也就可用了。老师，是你告诉我很行，所以我当然很行！"

哈哈，太正确了，他现在就是一只被我灌醉了的羊，不知道自己有着不稳定的家庭情感和多动症，知道的只是自己具备遵守常规和获得上乘学习成绩的能力——说他行，他就行！

遗忘的美好

范洪超

也许大家都会认为，班主任要游刃有余地开展工作，首先就要全面而清晰地掌握孩子在校、在家包括学习、常规、生活等各个方面的表现，越详细越好，只有做到心中有数，才能充分利用孩子的特点选择合适的方法进行教育，建立良好的班级秩序。但我的经历告诉我，班主任工作中有时需要一些遗忘。

今年，我来到了新的年级担任班主任，我和学生彼此毫不熟悉，所以开学之初，我用心去了解班上的这些兵，力求面面俱到。在掌握了一些信息之后我开始进行班级工作分配，当任命生活委员的时候，我停住了。众所周知，常规要求是琐碎而细致的，必须要有一个不仅自律而且有高度责任感的人管理才行，班上没人有经验，怎么办呢？最后，一个孩子的话打动了我："老师，小康没有做过生活委员，但做过宿舍长，以前没人干活都是他自己做的。"我想：就凭这点责任感，人选就是他了，能力上不足就后天培养吧！于是，我将小康和班上另一个同学一起任命为生活委员，小康专门负责地面卫生。

一个星期后，问题来了：另一位生活委员反映小康不负责，我也发现他早走晚到，没有督促值日生打扫卫生。于是我找到他说："我和班上同学都认为你有责任感，才将这项工作放心地交给了你，请你不要辜负大家的期望。如果不太熟悉职责或是不知怎么管理就来找我，让我协助你。"他不好意思地笑了。之后，我一方面经常和他聊一些班上的情况，也指导他如何做才能避免管理中与同学发生矛盾，另一方面多次在全班大力表扬他为班级做的贡献，也批评了一些经常不做值日的同学，帮助他树立威信。看他工作越来越顺手，我也放心了。可是两周之后，当我看到班级一个月常规成绩汇总的时候一下愣住了，他竟然排倒数第三！翻开记录表，不交作业、自习课听歌、上课聊天……一堆问题呈现在我眼前。我再次找到他，没有问什么原因，只是说："班上的常规管理你付出了很多，同学也都认可，我是想把你树立成班级榜样的，期末评选优秀学生干部我认为你应该当选，但班级规定只有前二十名才有资格评选，你怎么办呢？"他又笑了，说："老师没事，反正一直都这样，我不在乎的。"我诧异于他的回答的同时也非常坚定地告诉他："应得的荣誉你必须得到，被任何一个人夺走我都不认可。"

之后，虽然他在尽力弥补，常规成绩有所提升，但仍没能进入前二十名。因此，我特意在班规中加了一条：评优自荐者常规成绩放宽要求。最后他终于以高票当选。结果出来后我对他说："虽然附加班规为评选带来了一些麻烦，但我觉得值得，不仅是我，大家也认为明年的评优会更顺利！"话说完，从他的眼神中我觉察到，明年我定会有惊喜。

果不其然，在此之后，他有了彻底的改观，作业认真交，一些小毛病也改了，工作也更加尽心尽责。经常看到他下了晚修，一个座位一个座位地检查卫生。有一次打扫办公室来不及通知值日生，他一个人晚饭都没吃打扫了整个办公室！不久前的一天他跑到办公室，骄傲而兴奋地告诉我："老师，我终于进入班级常规前20名了！"听到这句话，我真为他感到高兴。不久后，我派他参加年级常规管理沟通会，会后级长问我："你用小康管理常规是大胆起用还是捉襟见肘呢？"那时我才知道：原来高一的他竟是一个常规上让大家头痛不已的学生！于是，我就想，如果一开始就知道这个情况，我会不会毫无芥蒂地起用他，敢不敢如此放心地让他去做？答案是否定的。那他现在会是怎样？应该还是会和以前一样，无数次的沟通后换来的仍是我的无可奈何吧？而这几乎是翻天覆地的变化，只不过源于我一开始的遗忘。

有人说好孩子不是被骂出来的，而是被夸出来的，我深以为然。尤其是一些犯过错误的学生，再多的批评都显得苍白无力，不如你不经意间的肯定和赞赏！可作为年轻班主任的我，自己都还有一些不成熟的地方，有时候真的很难控制潜意识，行为和言谈的细节中总会无意地流露出对他们的特别关注。青春期的孩子敏感而叛逆，一方面想要好好表现得到夸奖，另一方面又要装作满不在乎，怕尽力争取却做不到会丢面子。给予他充分的鼓励和支持，他就会尽一切努力做到最好，而如果他感受到别人的怀疑，那他不仅什么都不会做，还会故意犯些错误，以显示他的无所谓。这不仅影响孩子今后的发展，也会为班级的管理带来无穷的问题。

所以，虽然现在的我还不能做到每次谈话都触及他们内心深处，每个做法都能打动他们，但至少我学会了遗忘，让遗忘帮助我彻底地信任他们，依靠他们，进而改变他们！与其急于先了解些什么，还不如用些时间放手让他们去做事，只给予他们全然的信任、鼓励和方法上的指导，一定会有意想不到的收获！我想，即使有一天我可以用很多种合适的方法，成熟地解决各种问题，但因为遗忘而留在我心中的美好不会消逝！

爱是教育的根本

王艳丹

做了两年高中班主任后，我深刻地体会到了"爱是教育的根本"这句话的分量。现在的我已没有初为班主任时的冲动和焦虑，虽然压力越来越大，有时会急躁，有时很无奈，但对于我的学生们更多的是"爱"，是"责任"。我希望让感动代替制度，让关怀和帮助充满整个班级。

下面，我想说说发生在我们班的故事。

阿星（化名），16岁，此同学是我班一个非常顽皮的男孩：自控能力极差，比较浮躁，自以为是，对同学不友好，喜欢和老师唱对头戏。但是比较聪明，长长的黄色头发，刘海早已经过了眉毛。我其实在高一时就教过他，据我所知，前任班主任曾经被他带领一干人折磨得很痛苦。一到我班我就强行让他回家理发，他开始不肯，后来勉强回去染成了黑色，但还是很长。我第二次叫他回去理发，他曾扬言，"以后不会有你好日子过，我会拉几个兄弟和你单干（故意迟到，早退，逃课打球）。"对老师、家长他谎话连篇，课后作业很少及时做完，是学生处的常客……

为了帮助阿星改掉以往的恶习，端正学习态度，考上理想的学校，更为了控制好他在班级的负面影响，我想了很多办法——和家长联系，找他谈心，让他的朋友与他谈心，但都无济于事。包括各科老师的一片苦心，在他面前都变成了唠叨，他还去找年级长问如何可以转到其他班。

无奈之下，我拨通了他父亲的电话，约其周六来学校商量孩子的教育问题，请求家长配合。他家长总推脱忙，每次都没讨论出好结果。他知道后说："你找我父亲真是自不量力。"我很失望，很迷茫。后来学校的德育管理实行"诚信银行"制，把学生的德育分数储存在银行里。我把我班学生按照平时德行的好坏、男女，并且根据各科成绩搭配成6个小组，让银行行长统一监管各个组长。我故意把行长和阿星安排在一组，开始阿星很抵触，还说"什么银行，全是形式主义"，仍然是迟到早退不交作业，整个组都被他拖累了。全组的人都讨厌他，都问我什么时候调整座位。我思考很久，冷静下来仔细观察，发现阿星听课比以前认真了（因为周围人不喜欢和他讲话），他们组的同学有什么化学问题我故意不解答，指定阿星帮他们解答（因为学生成绩的升降和课堂表现都纳入诚信银行管理），并且偷偷地让行长每次借他作业参考，这样做都是为了迫使他写作业。

阿星似乎瞬间有了威信，感觉到了自己的价值所在。他们组的整体分数高了，有了优先选择座位的权利。我发现阿星变了：迟到次数逐渐少了，作业几乎都能按时交了。我上课还故意表扬他聪明，热心帮助同组同学学习，再后来他的目光似乎没那么犀利了，班级出板报时出现了他的身影，他还孩子般调皮地问我："老师，主动帮助做事加分吧？你不用亲自动手，有我在呢！"接下来，学校运动会开幕式彩排又一次检查仪容仪表，我发现阿星的头发短了，我们班男生在他的带领下口号喊得非常响亮，步伐迈得格外齐整，开幕式阅操拿了第一名，阿星带头向我申请给男生加分，还说："老师，关键时刻看我们男生的，不给你长面子给谁长面子啊！"听到这话，我感动得热泪盈眶。更值得欣喜的是：上学期期末考试他进步很快，考了班级第二，年级前二十名，虽不能说他变成了非常优秀的学生，但是进步非常的大。这个学期他主动找我说要参与副班长的竞选，目的是帮助我分担些事，让班级更加团结些，他会非常珍惜这个短暂的服务大家且锻炼的机会。阿星的转变让我意识到，爱是教育的根本，只有爱才能使学生明白老师的心。

爱是教育的根本，我利用诚信银行，放手让学生干部去管理，无疑给学生留下了足够广阔的思考空间，我则变成了一个好导演。而与此同时，我也有足够的时间用来多听、多看、多想，同时可以避免师生之间引发不必要的冲突，伤害师生之间的感情。可以毫不夸张地说，爱是教育的根本，我也经常和其他班主任说，这种"分组连作"方法也只能适用于高二（13）班，这个制度执行过程中我遇到了种种压力，现在已经基本成型。我认为不论什么制度，只要班主任本着对学生负责的态度，将心比心，当学生明白你的良苦用心时，自然也就能接受你的教育。

通过这件事我感觉到：其实教育方法也不是一成不变的，说到底也就是一个简单的"爱"字，选择你所爱的，爱你所选择的，既然从事了这份职业，那就用十二分的热情微笑着来对待孩子吧！其实爱很难，也很简单！只有我们老师多关怀学生的精神需求，充分地尊重、关心、理解、信任学生，爱学生，让学生感受到你的爱，才有可能找到教育学生的灵丹妙药。

第五辑

——

一个都不能少

让爱温暖"冷漠"的心

光婷婷

相信很多教师都有过这样的体验：有的班级成绩不是特别好，但是同学们之间友爱、团结，与老师也能打成一片；有的班级成绩不错，但是同学之间冷漠、互不关心，与老师也保持着似近实远的距离。

我就曾经带过这样一个班：同学们学习都很认真，上课聚精会神，课后作业完成得一丝不苟，很少有不交作业或者不认真听课的。我不是这个班的班主任，与孩子们之间也不像之前与有些学生那样亲近，感觉他们对我既敬而远之又想多靠近一些。

在一次课上，临近期末考试，我让同学们自主复习，同时给他们答疑解惑。教室里非常安静，大家都在为即将到来的考试认真备战，很快一节课就过去了。下课铃声响起，这时，A男生突然站起来，一拳就挥到了B男生的身上，紧接着两个人就扭打在一起。我急忙从讲台上往下冲，但同时我也观察到，其他同学都非常淡定，甚至可以说非常冷漠。有一些同学看着他们俩一言不发，有的同学根本连看都不看，与打架的两个男生距离很近的一些男同学也没有去把他们分开的意思。直到看我冲了下去，快接近打架同学的时候，他们才过来将A、B男生分开了。这时我在想：为什么这个班级的同学之间如此冷漠？为什么他们看到同学打架也无动于衷？女同学也许因为害怕，但是临近的男同学呢？……这些问题一直困扰着我，班级同学之间的那种冷漠也让我感到不安。由于接下来有课，我让班长找来了班主任，随后就离开了。

在接下来的时间里，每次在这个班上课，我都会精心设计一些游戏、竞赛，当然都是以小组合作的形式，让同学们之间多一些交流，多一些合作。比如，小组合作完成一次社会实践，完成一次演讲展示，完成一次接龙游戏，同学们之间的友谊在游戏与合作中也得到了加深。我有意将A、B两个男生放在一个小组里，一开始两个人互不理睬，慢慢地因为竞争激烈，生怕输给其他小组，不得不合作起来，再后来应该都已经忘记了当初的那场不愉快。以前下课后，我有时会急匆匆离开赶着上下一节课，而后来我都会刻意在班级多停留一会儿，找一些同学一起聊聊天儿，拉近与他们之间的距离。

当然，光靠我一个任课老师的力量肯定是不够的，我还与他们的班主任交流了一下我对班级的看法，建议班主任利用班会时间也多开展一些活动，促进孩子之间加深友谊，用爱温暖这些看似冷漠，其实充满着热情的心。

好钢用在刀刃上

赵倩

距离期末考试还有一个月时，学生向我反映，有同学熄灯后用夜灯看书。同学们的心情我可以理解，但这样的作息怎么能够提高成绩呢？

思前想后，我给同学们讲了一个公交车上的故事。"公交车上，有个十一二岁的女孩捧着书背文章，背一会儿就把书递给爷爷，让爷爷帮她校对。同学们，如果你在公交车上，看到这样的情景，会有什么感觉呢？"学生说："我会觉得，这个女孩很爱学习。"我说："我也是这样想的，在公交车上还在背书，多爱学习啊！可是，后来，发生的事情让我改变了想法。"

学生们的好奇心被我激发出来，竖起耳朵听我说，"她自己背一会儿，就让爷爷帮她看着背，可是背不了两句就背不下去了。她就又把书拿过来，背好一会儿，再让爷爷帮她看着，还是背不了两句就背不下去了。怎么会这样呢？同学们，想一想。"有同学问："公交车上人多吧？"我说："人的确不少，而且公交车嘛，一会儿走一会儿停的。"所以，就有学生下结论说："就是嘛，这样的环境怎么能背得好呢？"我接着他的结论说："这都被你发现了，她的爷爷也发现了。爷爷终于不耐烦，批评了她，爷爷说：'你好好坐车，在车上背书效率又低又伤害眼睛，要是想背，把看电视的时间拿出来一点儿，早就背完了！'女孩一副很委屈的样子，嘟囔着继续背文章。听到这里，你又有什么感觉呢？"学生说："我觉得爷爷说得对。"还有学生说："我觉得这个爷爷蛮有学问的。"更有学生说："爷爷应该和蔼一点儿，女孩就更容易接受了，爷爷是为她好。"

和学生做情景故事的互动，老师会发现，学生们是非常明白道理的。当他们自己把道理说出来，他们就像教育家一样，非常有成就感。接下来，我在班里做了一个调查，举手表决。结果同意爷爷说法的占到了95%。我说："群众的眼睛是雪亮的，车上的乘客和同学一样绝大多数的人都赞同爷爷的说法。我想女孩如果按照爷爷的说法做了，她会受益匪浅的。"

该转入正题了。"这让我想起了一件事，现在距离期末考试还有一个月，生活老师跟我反映，有同学熄灯以后用夜灯看书，被生活老师制止时还满脸的委屈。同学们觉得怎样呢？"说到这里，很多同学都笑了，我接着说："刚才的举手表决就是很好的答案，作为局外人，我们可以比较合理地给出评判，但是，到了我们自己头上就有点儿自欺欺人了。俗话说得好，好钢要用在刀刃上。晚上睡得好，白天才能精神好。认真听讲，提高自习课的效率，多少个"挑灯夜读"的时间都出来了。同学们觉得呢？"班级一片点头的动作。

从那以后，提前上晚自习的人多了，晚上挑灯的人少了。同学们会相互提醒："听爷爷的话，做好孩子。"班级期末考试的成绩，更是有了很大的提高。

班主任工作的后妈时代

郑 兴

这是一个让我难忘的学期！

2009年第一学期，在学校的大力推荐和支持下，我有幸参加了深圳市教育局组织的海外培训项目，在美国纽约进行了两个月的学习，主要研究美国的基础教育。本学期的前两个月就在紧张而忙碌的学习中度过。不同的文化环境，陌生的城市和陌生的人，异域的文化，给我留下了深刻的印象。但如果要说这个学期注定成为我人生中一段特别的、值得纪念的日子，还因为我回国后的经历。

十月底完成学业归国，因为特殊情况，从10月29日开始我接手了高一（1）班的班主任工作。半途接班，尤其是半途接手班主任工作，挑战不言而喻！虽然高一开学才刚刚两个月，可是学生彼此已经非常熟悉了，而我却是新来的，陌生的。望着教室里一双双眼睛，看着一张张没有笑意的脸，我瞬时觉得自己是个局外人。班主任工作的"后妈时代"就这样开始了！

故事一：记住每一位学生

"必须尽快认识每一位学生！"这是我的第一个念头。为此，我利用各种时间和机会，尽量多同学生交流。见到学生我总是尽力去想他们的姓名，并大声地叫出来，每每此时学生的表情都是惊讶的！而我却为自己又记住了一个学生感到小有成就。当然，张冠李戴的情况也时有发生，但在向学生道一声"对不起"时，得到的是孩子们宽容的微笑。在课堂上我也尽量叫姓名，孩子们总是兴高采烈地给我纠正。不到一周时间，我记住了全班48名学生的姓名，并能够对号入座，这创造了我班主任生涯中的一个纪录！

周末放学时，我建议孩子们向家长介绍我这位新班主任，还利用周六、周日的时间给学生家长依次打电话，了解孩子各方面的情况，并指导孩子和家长如何尽快适应初高中的衔接。经过第一周的努力，我这个"后妈"和我的孩子们熟悉了很多。

故事二：第一次主题班会

多年班主任工作经验告诉我，班干部队伍建设是班级建设的重要环节，如何让原有的班干部队伍发挥有效的带头作用，并能尽快适应我的工作方式，这是摆在我面前的一个新课题。

通过与班级同学和班干部交流，我了解到：因为开学时间不长，班干部也都是零零星星任命，分工存在重叠和遗漏情况，班级同学对班干部也并不怎么了解。为此，我策划了"高一（1）班班干部就职大会"的主题班会。

会前，我做了细致的准备和培训工作，让班长、卫生委员等主要班干部做好班会发言，主要向同学们介绍自己以及在班级中负责的具体工作，及其开展各项工作需要同学们怎样配合。我还要求班干部的发言达到就职演讲的效果。

整个班会由学生主持，会前我们进行了多次彩排，对会议的流程和串词加以优化，并制作了幻灯片，以确保班会成功举行。

班会上，主持人宣布各位班干部就职，并对他们的工作进行了详细的讲解，同时班长等主要班干部发表了各自的就职演说。他们的精彩演讲赢得了全班同学热烈的掌声。

打铁要趁热，会后我立即组织班级宣传委员，以高一（1）班的全体同学为主体，设计了一次板报。板报中力求突出全体班干部，张贴他们的相片和为班级服务的一句话；并根据每一位同学的生日，做成了一张柱形图表。

通过这次班会，班干部得到了更多同学的理解和支持，也因为我这位新班主任多次肯定和表扬，班干部同学的威信有了明显提升。从这学期开展活动的情况来看，班干部起到了很好的模范带头作用。班干部队伍建设，非一日之功，但这次主题班会功不可没！

故事三：拿到了第一颗星

常规检查是学校教育管理的一个重要方面，当我第一次看到学生处发给自己的常规检查成绩时，感到压力很大——我班多次评比落后，总成绩名列十个班级中的倒数第二。

分析常规检查成绩，发现主要是在教室卫生方面与其他班级差距较大，这也与我当时到班级的感受是一致的，地面较脏，桌椅、书籍摆放凌乱……

为此，我带领全体班干部，下午放学进行了一次大扫除。我要求同学们把全部凳子架在桌子上，拉开平时并在一起的桌椅，彻底清扫教室的每一个角落。

当天晚自习放学，我又带领值日生，对教室再次进行打扫。接下来的几天，我每天都和学生一起值日，把教室打扫得干干净净、一尘不染。

功夫不负有心人。常规检查成绩进步显著，第一周我班就获得了星级称号。我抓住这一良好契机，对学生进行思想动员。

我告诉孩子们：在生活中，只有对自己高要求，才能在竞争中脱颖而出，平平庸庸、随波逐流，最后必将被抛弃！例如打扫干净的教室，在检查时被发现有一个纸片垃圾，被扣0.5，我们完成了90%，甚至99%，但可能因为这1%而功亏一篑，所以我们一定不能因为这1%而使自己损失付出的99%，这将是一种失败的投资！要对自己提高要求，以100%来要求自己。学校对书架的摆放要求是从左向右、从大往小、摆放整齐，现在请同学们看我们的书架，不但达到了这个要求，我们还统一式样，把色泽鲜艳、印刷精美的《音乐鉴赏》书放在最外，使整个书架真正成为教室里一道亮丽的风景线，这样我们做到的就不仅是100%！我们也必将优秀！希望同学们对待任何事情，都要以100%来要求自己，以精益求精来提升自己！

再如，针对迟到早退现象，我向学生提出了"做事提前三分钟"的号召！要求学生每次必须在预备铃响之前到达教室。因此，1班学生在后半学期几乎从未出现过迟到早退现象。

为了让值日质量有保障，班干部还制定了详细的值日要求。例如每次值日都要求同学把椅子架在桌面上，将并在一起的课桌拉开，打扫完后，力争教室里没有洒落的头发等等。在全体同学的不懈努力下，我班学生创下了连续六周，教室卫生一分没扣的骄人成绩！同时班级在常规纪律方面也进步显著，多次被评为星级班级，12月份更是获得了"红旗班级"的称号！

最让我感动的是，孩子们对待事情的态度变了！书架上优秀作业展台，饰以翠绿的纸竹，别致精美；荣誉栏挂了两张灿烂的笑脸，乐呵呵地看着全班同学，让一张张奖状生机勃勃；内容丰富的墙报更是让整个教室增色不少；我能感受到，孩子们不仅在做完每一件事，他们更想做好每一件事！

时间过得很快，孩子们的姓名我早已烂熟于心，他们各方面的情况我都能如数家珍，班级在各方面发展迅速、秩序井然。期末，孩子们给我的班主任工作以很高的评价，看到孩子们对我的认可，我感到说不出的甜蜜和欣慰！

这就是班主任工作"后妈时代"的幸福生活。

安全大过天

阳朝晖

那是一个看起来没有任何可能发生"大故事"的一天。因为他们知道第三节的物理课要在实验室上，好玩；第四节是地理老师的青年教师基本功大赛，可以好好表现，大放光彩；第五节又是非考试科目，没压力。

时间滴答地过，学生在开心地上课，老师在认真地上班。然而，在第四节上课都快5分钟的时候，突然一名学生跑来办公室报告："班上公开课缺了很多同学，老师要我来找。"听完，凭借几个月班主任工作的直觉，我认为学生可能是第三节下课后一直在问老师问题，在实验室没听见铃声，或者是正在学习劲头上而忘记上课时间啦。我便指派这位同学去实验室叫人，自己径直走向教室，探查情况。一路上我都在想要抓住这个契机好好地教育这些迟到的学生。

派去的学生飞奔回来，说："老师，实验室没有，连门都关了……"，坏了，我预感要出事了。

我的脑子高速运转起来：学校游泳池进不去，用电应该还算安全，一楼也不能"受伤"，难道是内部纠纷群架……飞奔下楼，刚跑到一楼，就看到电梯口围着一圈师傅，忙乎着，叫喊着。没太在意，继续往前排查可能的踪迹。一楼没有，路过楼梯口正想上二楼的时候，隐约听见师傅们的对话，好像是在告诉电梯里面哭的人："不着急，正在援救。"

我恍然大悟——学生被困在电梯里了。

被困电梯，一件想着都害怕的事情，突然发生在自己的一群学生身上。我在门外嘶喊，但没有回音。我上蹿下跳，来回于三四楼的电梯口，等待着师傅们将电梯顶盖揭开救人。一顿敲打，顶盖被强行掀开。我在看到他们的时候，眼泪夺眶而出。他们则鸦雀无声，可能是还沉寂在刚才的恐惧中，可能是怕被班主任大骂一顿。当学生一个个被师傅们从洞顶上拉出来，我看到他们充满自责的泪光，胜过了被困时自身的恐惧。我把自己所有的责备、担心都放到一边。迅速地检查学生伤势，清点人数，简单安抚，简短地和安全主任交谈后，我便带着学生离开教学楼，走到操场，希望能在最短的时间内消除他们的恐惧，将他们的伤害降到最低。

到了操场，学生们一言不发。见机行事，我立即要求互相熟悉的同学，男女搭配，三两成群，互帮互助，相互安慰，宣泄刚才的恐惧和惊吓。

经过一个中午的调整，下午上课时那23个学生的状态好了很多，为了更进一步地消除因这次事件而产生的阴影，心理老师建议我们班下午的心理课临时调整课题，专门做一次集体的心理安抚。

在整个安抚工作告一段落后，我努力地让自己平静下来，开始想怎样利用这次"契机"来好好地开展我的教育工作，来让学生明白我们对生命、对安全的理解。

23名学生同时挤进一部电梯，幼稚的他们认为电梯还能够"动"就不会出事，固执地理解坐电梯能够更快地到达教室而不影响公开课，轻率地认为"这一次"应该不会出事……

对于这23个孩子，我的想法是在包容的前提下批评教育，在教育的基础上让他们感悟生命的意义。我在心理老师的指导下，召开了安全教育为主题的班会，会上同学们深刻地理解了为什么学校对安全工作如此重视，为什么老师一再强调不允许学生在非特殊情况下使用电梯，以及我们以后应该怎样去面对各种安全问题。最后，我们还列举了几种日常的安全隐患排除办法。

周末，我收到28条信息，26条是学生发的，还有2条是家长发的。虽然这个事件在发生之时让我感觉那么的担心、棘手，但是，当看到孩子们真诚的信息后，我觉得一切都值了……

一次经历，一次感悟，是4班这些让我担忧、让我欢喜的孩子们陪伴我在班主任工作的征途上越走越好。

204 的 故 事

韩合伟

我们班女生204宿舍上学期内务整理得不好，经常被扣分，宿舍的一些同学对生活老师有抵触情绪，她们认为生活老师总是针对她们，扣她们的分数，同时一些同学认为生活老师总是向班主任告她们的状，让我这个班主任出面给她们撑腰。

本学期开学第一周，范老师就跟我反映204宿舍有一个同学见到她都不打招呼，显得很冷漠。本学期开学第一周，她们宿舍中两名同学未经老师的允许私自调换床位，同时不听生活老师的劝告，坚决不换回床位，并向学生处递交了申请。周四晚上范老师值班，将此事告诉我，并谈到这个宿舍上学期的表现，非常头疼，决定如果再不听从劝告，下周一还不调换回来，就向学生处申请对该宿舍的部分同学停宿进行惩罚。鉴于上学期的经验，范老师不让我就这件事找学生，以免再引起误解，又让她们认为是向班主任告状，这样矛盾就更激化了。过了一会儿，我从办公室去教室，恰巧看到范老师正在和她们宿舍的5名同学谈话，我想这是个解决问题的好机会，就假装不知道发生了什么事，过去问："咱们宿舍有什么事情吗？"一个说："我们调换床位不让，别的同学换宿舍都可以。"另一个说："做什么事都是针对我们宿舍，总是扣我们宿舍的分数。"我问："扣分数是不是因为我们有做得不好的地方？别的宿舍有问题都不扣，偏偏扣我们宿舍的？"我话音没落，两个女生都哭了，觉得自己很委屈。

我一边安慰她们，一边思考，想要说服她们，就必须先端正她们看问题的态度，最好现身说法，干脆拿自己作为例子来劝导她们。我说道："我们能不能换一个角度来看问题，以咱们班为例，上个学期我们卫生检查经常被扣分，老师也想过是不是值周生对我们班有偏见啊，但我还是要求自己首先想想我们班有没有做好。只要你努力，总会有进步的，我们后来不是也拿了个星星吗？"可我的话似乎没有打动她们。其中一名女生说："那班级还有个星星给奖励呢，我们宿舍呢什么都没有，进步了也看不到，还总是扣分，现在我们204宿舍已经被搞得臭名远扬了。"说着说着，她哭着跑了。这个爱哭鼻子又很冲动的女生，每次跑开我都很担心、着急，同时，她说的话也一下触到了我的痛处，上个学期我很努力，为班级付出很多，却没见成效，也感到很委屈。着急、难受加委屈，让我这个处于而立之年的大男人也控制不住自己，掉出泪来了。孩子们看到老师掉了眼泪，也觉得不好意思，状态好了很多。我平复了一下自己的情绪，说："如果你们认为老师专门针对你们宿舍，觉得很委屈，那从下周一开始，生活老师检查完以后，我再亲自检查我们5班男生和女生的所有宿舍，女生从202开始到206，我逐个检查宿舍的每一项内务，哪个宿舍有问题扣哪个宿舍的分数。"

从周一开始，我每天中午吃完饭，就去宿舍检查。这帮孩子还是很争气的，周一的卫生清扫进步很大，比以前好很多，但还有些小问题，比如床单不够平整。我表扬了她们的进步，同时希望她们能够做得更好。我让她们宿舍长去班里另一个做得好的宿舍看，向她们学习、找差距。同时进入宿舍，也是走近学生的机会，多和学生交流，关心她们的日常生活，关心发生在她们身边的每一件小事，学生们也会感受到班主任对她们的关心，从主观上也愿意把内务整理好，为班级争光。第二天再去检查，他们已经做得非常好，我大力表扬，同时告诉范老师说这个宿舍进步很大，范老师也说的确进步很大，我就建议范老师多表扬表扬她们的进步。晚上我在全班同学面前表扬她们宿舍，号召其他宿舍以她们为榜样，争取更大的进步。每个孩子都希望得到赞扬和肯定，204的孩子们脸上洋溢着自豪的表情。

后来，如果204的某个同学因为宿舍内务不小心扣了分，我就鼓励她课堂多发言，作业更认真一些，来补回这个分数，结果就连平时上课很少发言的女生也主动举手回答问题了。逐渐地，204宿舍的成员们见到生活老师也都热情地打招呼了。作为班主任，看到孩子们的成熟、进步，我感到很欣慰。

学校倡导尊重的教育，尊重学生、关爱学生也就是从每一件小事做起，从每一个细节出发。把普通的事情认真做好了，你就不再普通。更何况德育工作，它影响到一个孩子的成长。关爱孩子，认真做好每一件琐碎的事，只要学生在你的影响下从不懂事到懂事，从幼稚走向成熟，我想，作为班主任，即使工作辛苦一点儿，也是开心的！

永不放弃

梅高火

经过高一的文理分科，高二我带新组建的文科平行班。看到教务处发过来的班级名单时，我突然间就发懵了：小波怎么在我的班？运气怎么这么差？一直幻想着他不要分到我带的班级，真是怕什么来什么，郁闷、无语。我为什么这么烦呢？只因小波的大名在学校如雷贯耳，他的"光荣事迹"比比皆是，高一时因攀墙这一危险行为被记大过，要再违反校纪校规就勒令退学了。

刚开学，毛病依旧。迟到、早退、上课睡觉、看小说等一项不落，更不要说按时完成作业。每天常规不扣分感觉就不正常，班委烦他，同学们对他头疼，我也一样很是郁闷。每次找他谈话，他口头答应，但照样我行我素，根本不当回事。

很快，他也感觉到我对他的反感，跟别的老师说我对他有偏见。我说："我是有成见，但这一成见是你自己造成的，高一时老师们说你不仅仅自己不好好听课，还带动周围一片同学不听讲。要我改变成见，可以，拿出行动来，而不是嘴上说说，我只观行不听言。"

这种状况开学后的两个月一直在持续，小波在常规上是扣分专业户，说一次收敛两天，然后继续重复昨天的故事。我很明白，要改变他的行为习惯需要时间和突破口。期中考试后，矛盾一下爆发出来了，他在宿舍与别班学生一起酗酒被抓到了，影响很恶劣。学生处鉴于他已经被记大过，初步准备给他"勒令退学"的处分。家长来了，与学校协商，当然是不同意退学。

怎么办？

处理方案一，我们让他退学，是的，我是少了一个麻烦，少了一个惹是生非的不定时炸弹。但小孩怎么办？转学只能上比我们学校差的学校，甚至职业学校，受此打击，小孩可能破罐子破摔，混迹市井街道，成为不良少年。

处理方案二，给他一次机会，若能改正，拯救了一个小孩和家庭，善莫大焉。

学生处领导征询我的意见，我本能的反应就是担保我的学生。接着我做的就是在班级开主题班会"面对这一事件，我们如何抉择"，班级出奇的安静，所有人都在沉思，都在寻找我们自己的原因，我们自己哪些地方没做好没帮上小波同学。短暂的沉默之后，我们的答案惊人的一致，那就是全班同学和我一起担保他，缺了他我们的班级就不完整了。我们明白自己肩上的责任，相信通过我们所有人的努力，一定能帮助他重新站起来。同学们自发地出谋划策，班级出现前所未有的凝聚力和号召力。

后来的事情很简单，知道我们的决定后，小波同学哭了几次，尤其那句"缺少了你我们就不是完整的班级"，他以实际行动回报我们的帮助，班级活动积极参加，主动帮助老师同学，认真听课完成作业……可以说他的转变令人瞠目结舌，从令人头疼的学生转变为最受老师、同学喜爱的学生，成绩也一跃进入年级的前一百五十名……

我们的职责就是教书育人，不放弃任何一名学生是我们的义务。邓校长说得好，学生对我们一个班来说只是五十分之一，但对每个家庭来说就是百分之一百。

招安"小集体"

谢 瑜

新高二，接新班，我拿了名单一看——普通平行班，喜忧参半。喜的是一部分学生都是以前重点、次重点班掉下来的，我高一教过，虽然偶尔有些不能自律，但大部分都听话懂事。忧的是班里有几个来自年级出名"恐怖"班级的孩子，异常叛逆，和家长、老师公开作对。前任班主任已经在我面前好心地提醒了孩子兴风作浪的招数，年级长高度紧张，把这帮孩子列为重点关注对象。

我也忐忑不安着，我只做了短短一年时间的班主任，还在处理这种后进生问题上碰了一鼻子灰，我能处理好吗？我又看了一下这四个孩子的成绩，出乎我意料，只有一个孩子的成绩在年级倒数，剩下两个在平行班中算是成绩中等和中等偏上，其中小赵还考过年级前两百名。我眼前一亮，觉得事情有眉目了：只要孩子想学习，就总会有办法的。这几个学生安顿好了，整个班级就稳定了。那天晚上，我辗转反侧，回想自己高一一年的经历：老师的过于严厉只会把学生推向对立面。我决定，采取怀柔政策，拉近学生，再进行他们反感的常规管理。

第一天报名，我下定决心给学生一个好印象，对待每个人都笑容满面。我特意关注了那几个孩子，除了其中一个小王，另外三个都乖乖的样子。我特意没有和他们谈话，也没有多看他们几眼。我知道，他们心里肯定想我和其他老师都是一路人，不知道原班主任对新老师说了他们什么坏话，倒要来看看我怎么管他们。他们越这样想，我越不理他们。我要让他们明白，在老师心里每个学生都一样。闹剧没有人看，自然就没人闹了。

说不管还是得管，说不出问题，也还是出了问题。果然，进班级没有两天，这几个家伙就立马认识到他们和其他同学不同，开始搞小团体。而且迅速和分到其他班级的原班同学混在一起，其他同学不停地来我这里诉苦："老师：那几个原来××班的，一下课全部涌到我们班来，吵死了。""在寝室也是，全是他们原来班的人，把寝室里其他同学都赶走了。"与此同时，其他几个班主任也叫苦，说被拆开的那个班级学生天天混在一起，不好管理，而且，他们很聪明，知道学校常规抓的是什么，凡是要扣分的事情，全部不做，一点儿把柄都抓不到。我也暗自着急，可是我明白，不能这个时候发火，这只会增强他们的凝聚力，先忍着吧。表面上，我对这几名学生一视同仁，有意无意在大家面前和他们开开玩笑，在公开场合抓住机会夸夸他们。两周过去之后，我发现至少他们不讨厌我，而且，我和他们年龄接近，他们觉得有亲切感，和过去班主任的严厉比起来，我还算是温柔的。与此同时，我发现所有同学都有一个倾向，那就是都喜欢和原班级的学生成群结队，新班级还不足以凝聚他们。

发现这个问题之后，我告诉自己必须尽快打破孩子们心中原班级的心理界限。我及时召开班会，向大家阐明了班级目前的形势，展望了班级的未来，从各个角度让他们明白，原来我们班级是受重视和优秀的。我明确地告诉大家："今后我们的同学没有20班的，没有19班的，没有18班的，没有17班的，没有13班的，所有人都是14班的！新班级，新希望，新荣耀，你们就是互相陪伴彼此走完高中，走过高考的人。"班级同学都静静地听着。我暗喜，自己的话已经触碰到他们的心灵。之后我又趁热打铁，在后来的班会中和大家一起选出新班委，通过新班规。班会之后，同学们给我的反馈是他们现在在宿舍好多了。

班级总有几个偷懒不做清洁的学生，特别是他们中的小王。新的值日表，我特意把他们四个排到一个小组做清洁。每次他们做清洁，我都去陪他们，渐渐地，我发现，其中有一个孩子小赵做事特别认真，小王虽然懒散，老想着半路溜走，但因为同组的都是"兄弟"，不好意思开溜。果然，他那天又要逃跑。我很生气，说："你这白板根本就没擦干净，擦完再走。"他很赖皮，居然说："我没有那么高，上面的擦不了。"我火冒三丈，正要发作，小赵发话了："……"（备注：粤语，我听不懂）没想到小王居然乖乖擦了。我大喜——这是个领军人物啊。趁着这个机会，我和小赵好好谈了一次。他很坦诚，说，觉得老师很给他们面子，也觉得新班主任不错。我趁机鼓励他说："你的成绩其实不差，在我们班努努力名次肯定可以考得很靠前，而且你很有领导能力，希望你可以多帮老师和同学做点儿事，多理解老师。"他很开心，拍着胸脯向我说："放心，我期中一定考个85分给你看。"

那以后，他们之中有什么人犯了错，我都不直接在班级批评，而是会去找小赵，很委婉地让他提醒。在他的带领下，我明显觉得，这些孩子越来越好，越来越与班级主流接近了。

期中考试，小赵成绩一下上升到班级前10名。我大喜，在全班同学面前大加表扬了他一番。

剩下的那几个孩子眼见着自己同学这么有进步，纷纷给我写纸条，要求和一个成绩稍好的同学做同桌，要向小赵学习。我一一满足他们。这以后，连不擦黑板的那位同学都开始好好学习了。常规方面，他们也不再给班级丢分。

期中家长会，小赵的爸爸来找我，对我说了很多感激的话。我倍感欣慰，没有再次因为常规要求和家长对立。

期末，其中一个孩子考试失利，主动打电话来和我沟通。孩子的家长也在电话中表达了对我的信任。

班级足球赛，这几个孩子成为主力，我们班过五关斩六将，胜利的喜悦让大家真正融在一起。

现在，这几个孩子身上已经完全看不出当初的叛逆和顽劣，有点甚至成为班级的榜样。我很庆幸，当初没有一下把他们划为问题学生，在新集体中给了他们新的生命、新的形象。再坏的人心里都有向善的一面，更何况是不经世事的孩子呢？相信美好，发掘美好，就是我们老师的使命吧！

爱上大冒险

王世风

今天我要讲一个关于"大冒险"的故事。

那天课间，我像往常一样，准备去教室蹭聊。半路上，班里的"展护卫"通红着脸向我跑来，上前一把抱住我，拍了拍我的背，握着我的手说："王老师，您今天辛苦了！"说完飞也似的跑回了班级，远远地从班里传来一阵大笑。这是怎么回事？

我快步走进教室，还没站定，又是一阵哄堂大笑。看着孩子们灿烂的表情，我微笑着镇定了下来。"李展同学的拥抱和问候，是我今天收到的最好的礼物，谢谢你！"李展不好意思地扭过头去。班长罗浩诚迎了上来，"我们刚才在玩真心话大冒险游戏，老师你要不要一起？"

看着孩子们期待的眼神，我想都没想就答应了。"嘿嘿，让你们知道我的厉害！"我暗想。"你输了，老师你输了，哈哈……"，我还在臆想中自乐，第一轮猜拳，我就输了！我竟然输了！"好，愿赌服输，出题吧！"我表现得很淡定。只是接下来的大冒险题，让我在之后的一个月里都不敢见年级长——"和年级长亲切握手，并表扬：级长，你很帅！""我的天！我能不能去？我该不该去？我要怎么去？"三十秒的时间，我在内心深处似乎进行了三十场较量！最后我还是硬着头皮去了，孩子们远远地跟在后面。墙角探出的几个脑袋让我局促不安，孩子们却欢天喜地！

那天晚上我很晚入睡，心情从懊恼到平和，从平和到开怀。

第二天我走进教室，教室里很安静，孩子们一个个憋红着脸，继而爆发出山呼般的大笑。和他们在一起一年了，还真没见他们这么开心过。等孩子们停住了笑，我一本正经地宣布：从今天起，"真心话大冒险"将成为我们班的特色活动。此后，班级的笑声从未间断过。在活动中，聂宏燊和匡俊杰的误解消除了，罗浩诚和贲瀚宇的友情更深厚了，我和孩子们相处得更融洽了。渐渐地，我们的"大冒险"从单纯搞笑演变成做任课教师访谈、组织生日会、召开时事主题班会等活动，从整蛊同伴演变成学跳一支广场舞、做一天小贩、参观一所大学等走向社会的实践活动。最后连家长也忍不住参与进来，一起阅读经典，走上讲台分享职业体验。班级越来越有秩序，孩子们的求知欲越来越强。板报评比第一名，校长杯篮球赛第一名，精神文明班级，优秀班级，五四红旗团支部……一个又一个荣誉接踵而至。

"大冒险"的南风吹暖了我的班级，也吹动了同事们的心。"你们班的'大冒险活动'真有创意，我可要好好学学。"

此时我明白：游戏就是孩子的天性。作为教师，何不顺应孩子的天性，陪伴、引导孩子们成长呢？在这一次次的冒险活动中，进步起来的不仅是孩子，还有我、同事和家长！感谢"大冒险"活动，感谢这小小的游戏，我将继续和孩子们一起玩下去，因为我知道：违背教育规律和学生成长规律的行为才是真正的大冒险！

第六辑

————

不完满才是教育

请回答2019

陈河奔

每一部青春剧都离不开运动会。它是名为青春的火焰燃烧得最旺盛的时刻。我们在赞颂"星星之火可以燎原"的时候，是否想过不受控制的火焰会酿成难以挽回的后果？这是一个关于尊重的故事，也是一个关于成长的故事。

校运会上，团体项目男子和女子4×100接力赛，我们班都跑进了年级的前三名。在宣布成绩的那一刻，我们沸腾了。我们班的同学迅速奔跑到操场的每一个角落。

是的，你猜错了。

我们班被取消成绩了。

正如千千万万个以为可以抓住沙子的小孩一样，眼睁睁地看着沙子从指缝溜走，无能为力。

冲线以后，那一根无关痛痒的接力棒像烫手的山芋，我们的运动员没能抓住它。校运会有一个简单粗暴的规定，冲线后，接力棒必须由运动员亲手交到裁判长手上才算完赛。

所以，我们的成绩被取消了。

愤怒就像燎原的星火，瞬间点燃了班级52名同学，他们搀扶和安慰参与比赛的运动员，在裁判长处申诉。

我看着他们忙碌的样子，心中五味杂陈。可能我并非一个称职的班主任，我没有看到所谓的教育契机，只看到他们挥洒的汗水得不到回报。有人说，冲线的那位同学是故意摔棒子的，也有人说他是不小心脱手的。现场有质疑的声音，有幸灾乐祸的嘲笑，也有事不关己高高挂起的看客。但是那些都与我们无关。

我只关心运动员的汗水是否被浪费，他们的青春是否被尊重。

我喜欢和孩子们一起自我陶醉。

我在某一个不起眼的角落，找到了那个冲刺的同学。他以为我会批评他一顿，所以他哭着和我说，他不是故意掉棒子的。

我知道啊。

运动会结束后，我赶制了几张奖状，奖励给了几位被取消成绩的同学。在倡议尊重规则的同时，我表扬了他们的付出，告诉他们要尊重汗水与付出。与我想象的不一样，曾经义愤填膺的他们没听进去多少大道理，却一直在打闹欢笑。可能所谓的不公平早就被抛到了九霄云外，而刀凿斧刻在脑海中的是冲线那一刻的喜悦、滴在跑道上的汗水、某某的加油和那杯透心凉的冰可乐。

三天后，学校补发了他们的奖状。我没有把它发下去，它已经不再重要了。

我问他们，想起2019年，你还会记起什么？

那一场在某种程度上决定命运的中考、那一场喧闹而又安静的离别、那一场羞涩而又张狂的相遇，我相信还有那一根闪耀在阳光底下的接力棒。

青春有你。

让教育奏响爱的乐章

王世凤

《第56号教室的奇迹》这本书像一块巨石，当它投进教育平静的水面时，自然而然地击起了阵阵波浪。畅销书《好妈妈胜过好老师》的作者尹建莉说："读《第56号教室的奇迹》是一个充满惊讶和感动的过程。"确实，阅读的过程是一个令人感动的过程，心灵在一次次的震撼中受到了洗礼。

雷夫何以让人产生如此的触动？这让我想起了关于"国宝"霍懋征的一个故事。

霍懋征曾组织了一次从教60年典礼。当时现场有一块地方，坐着一群花白头发的老人。据说都是霍懋征的学生。学生们请霍老师上台讲话。霍懋征精神抖擞，84岁了，站得腰板直直的。站定以后，她冲着那群白发苍苍的老人说："孩子们！"全场都笑了。她说："不管你们今天是什么样子，在我眼里，依然是当年你们入学时的情景。在我眼里，你们永远是可爱的孩子。那么今天我要问问你们，在座的孩子们中，做过共和国将军的，请起立。""嚓"的一声，起来一批人啊。哎哟，全场响起热烈的掌声。她就指其中的某某，"那曾经就是调皮捣蛋全校有名的害群之马，但你后来做了共和国将军，老师祝贺你们，为共和国立下了赫赫战功。你们坐下。在座的孩子们当中，你们做过部长的请起立。""哗"，又站起来一批。全场又报以热烈的掌声。霍懋征又表扬了他们，请他们坐下。然后她说："在座的孩子们中，你们是普通的工作人员，但是你们做过劳动模范的请起立。""哗"，全站起来了。全场有很多人都哭了。

霍懋征带给我的感动和雷夫带给我的感动是同一种！

霍懋征说过这样的话："我不跟学生发火，是因为我教过的都是小孩子，小孩子是不懂事的，犯错是正常的。那么，我对一个不懂事的孩子发火，是我老师无能的表现。"她深深地爱着身边的孩子们，所以她总是像个辛勤的园丁一样，精心地呵护着他们的成长。而雷夫在他的"第56号教室里"也演绎着同样的精彩。他以信任取代恐惧，做孩子们可靠的肩膀，成为孩子们的榜样，他把"第56号教室"打造成了一个温暖、和谐，人人喜爱的家。

新浪网亲子频道的主编艾樱说："《第56号教室的奇迹》让我们看到了对孩子爱的力量是多么强大，这才是不断创造奇迹的根源。"无论是霍懋征还是雷夫，无不让我们深切地认识这样一句话：爱能创造教育的奇迹。

爱能创造教育的奇迹！这足以让我反思自己的教育行为。

前不久，班上发生的一件事浮现在我脑海中。那一天全班刚调整了座位。座位调整之前，我对班上学生说："如果对座位有特殊要求或者有什么想法的，一定要找我说明。"座位调整后，为了消除部分学生的不满，我还在班会课特意解释了座位调整的目的和出发点。在我看来，座位的调整应该是十分合理的，就算有个别学生不满意，他们也应该可以理解。但没有想到，问题就出在第二天的早读课上。那天，我像往常一样去巡视，发现一名坐在后排的女生趴在桌上，便上前提醒。我问："你怎么了？是不是身体不舒服？"她不理我。我又问："你是不是身体不舒服？如果是的话，就应该去校医室；如果不是，那早读课该抓紧时间读书。"她还是不理我。我的情绪有了些许的波动，我略带不悦的语调说："你怎么不理老师？你这样是不对的。"没想到，她居然抬起头回了我一句："我就不想理你！"全班同学异常惊诧，齐刷刷地看着我。我当时感觉既尴尬又愤怒，吼了句"你有本事就永远不要理我"，然后毅然转身，拂袖而去。这件事情让我苦恼了整整一个星期，尽管最后它得以完美地解决，但在我，在她，在班上学生们的心中留下了一道不可抹去的痕迹。假如我能像雷夫老师一样，以一颗博爱的心去看待她，以师长和朋友的身份与她交流沟通，或者把她当成自己的孩子，容许她任性，宽容她，耐心地引导她，那么这出闹剧就不会发生。可是我没有选用任何理性的方法，只用一种极不理智、极不合时宜的方式做出了应对。

"对一个不懂事的孩子发火，是我老师无能的表现。"正如霍懋征所说，我之所以发火，其实是因为我无能啊！

从教七年有余，我再一次审视着自己的教育行为，审视着自己的教育方式，恍然发觉，我虽已在教育这条路上走了这么久，却还没有上路！爱能够创造教育的奇迹，但我们首先要做的却是学会爱，拥有爱的胸怀。我想，总有一天，我也能像雷夫和霍懋征一样，用爱创造教育的奇迹。

第六辑　不完满才是教育

小心"那个人"

贾倩

　　每个班都有"那个人"。"那个人"总是喜欢曲解善意，引导舆论，试图把班里搞得乌烟瘴气；"那个人"是一切负能量的来源，那个人甚至会欺骗同学、家长和老师，勾起家校矛盾，自己又装得楚楚可怜。"那个人"是班里兴风作浪的始作俑者。当然，"那个人"也有搬起石头砸自己脚的时候。"那个人"曾让无数的班主任们头痛不已。那么，怎么把"那个人"找出来？"那个人"产生的根源是什么？怎么与"那个人"有效地打交道？相信这个问题困惑过无数的班主任。

　　我的班里就出现过"那个人"，我们简称她为M君，M君是班里的文艺委员，主要负责班级的文艺宣传工作。M君是个积极活泼的人，至少一开始我是这么认为的，班里只要有活动她一定是组织策划者。而且她是学生会的成员，这一切都显得那么的美好而和谐。可是后来，我发现M君对自己的要求越来越低，上课看小说、玩手机、谈恋爱等等。在一次家长会后，我和M君的母亲大概谈了一下孩子的近期表现，可M君的妈妈非要说我对孩子有偏见，说孩子从小学开始就是老师表扬的对象，对小动物也很有爱心，见人也很有礼貌。可能是有什么误会，希望我和孩子谈一谈。于是便有了我们的第一次交谈。在交谈中孩子一一承认了自己的所作所为，母亲非常失望。在谈及"偏见"这个问题的时候，孩子说之所以有这种感觉，是因为她认为我作为班主任对班里的普通同学表扬得很到位，而对她这个为班级做过如此大贡献的"功臣"却"视若无睹"。我当时听得目瞪口呆，反问她："我帮你把器材从校门口抬到二楼，不算老师对你的认可吗？家长反对你参加社团，老师考虑到你的全面发展在家长面前为你争取不是对你的认可吗？而且你每次办板报老师也表扬过呀？"听完我的这些话，孩子说："你这样做是不够的，我以前的班主任会给我们鼓掌。"我不知道孩子的母亲在旁边听到这些话时的感受是什么，我也没有问过她，可能我当时真的不够机敏。只记得她们都哭了，然后我还挺过意不去安慰了一下她俩就送她们走了。

半年之后，孩子的状态越来越不好，甚至不能按时完成作业，我决定用停课在答疑室补作业的形式来以儆效尤，补完作业的学生才可以返回教室上课。为了达到家校合作的效果，我给十个学生的家长发了短信，把孩子的情况和处罚决定告诉家长。九个家长都表示赞同，只有M君的家长，收到信息后认为这样做不合适。进行电话交流，M君的家长认为应该让M君在自习课的时候补作业就好了，我的处理会耽误孩子的课业，并质问我如果孩子停课补作业，孩子落下的课谁负责？这是迄今为止，我遇到的最无法交流的家长。可能有的班主任朋友会说："你这是小巫见大巫。"是的，毕竟我当年是第一年做班主任。我当时回应她的妈妈："孩子应该为自己的行为负责，我也不可能为了您的意见去修改班级规定，况且制定这个规定的初衷是为了让孩子不把坏习惯带到下一学期。如果您不认同，可以换一个班级去学习。"家长一下就失控了，在电话那头儿，声嘶力竭地喊起来："你不配做老师，你就是对我家孩子有偏见。我要找你们校长，我要让你下岗。"半个小时之后她来到了学校，级长接待了她。据级长反映，她在接待室说了我两个小时的坏话。

级长找到我，让我去找学生谈一谈，说M君毕竟是个孩子，但问题一定是出现在M君那里，她一定在很长的一段时间里一直在抹黑班级，抹黑班主任，抹黑身边的同学。我找到M君时她装得很无辜，提到她母亲的行为时，她说她很心疼她的母亲，但只字都没有提到班级和老师对她的帮助，以及对给老师造成的困扰和伤害道歉的意思。在提到"偏见"这个词时，她更是处理得轻描淡写，说母亲很关心她，经常问学校的事情，所以她不得不说一些学校的事情给母亲听，可能没有讲太多正面的东西吧。

当然，后来级长接手了这个学生，而这个M君的抹黑行为并没有停止，而是甚嚣尘上。以至于最后连她自残，她的母亲都不愿意再来学校了。我最后一次见她，她哭着看着她女儿堆满明星画册的桌子和一塌糊涂的成绩，无话可说。跟我哭诉了女儿的很多不是，但这又有什么意义呢。

这件事我一直记了很多年，也成为磨炼我成长的宝贵经验。而且这些经验在我之后的班主任生涯中给了我很大的帮助。

从心理学上分析，"那个人"普遍比较自我，希望得到他人的关注，如果没有或者得到的关注不够，就会想办法引起他人的注意。"那个人"无法全面思考自己行为的后果，他们往往只从自己的利益角度出发看问题，甚至不能想得更长远些。"那个人"的背后往往会藏着"那个家长"，可能关注不够，也有可能对他们娇纵过多。总之，"那个人"就这样出现在了我们的教育生活中，但也正是因为"那个人"，我们的教育能力才会不断得到锤炼和增强。所以，我们要感谢"那个人"和"那个家长"。通过和无数的"那个人"的"斗争"，我总结了以下几条法宝。

第一，在班级要周期性地进行正能量教育宣传，培育出正能量的土壤，让负能量的行为无处安身。

第二，不要忽略小的表扬和鼓励。它们的价值不亚于全校性质的奖状或者奖学金，甚至有的时候学生更看重。

第三，表扬一定不要落下谁，因为我们忽略的有时候是学生一直期待的。

第四，对学生违规的行为一定要有处罚，但不能只是处罚。要把处罚当作一次教育机会，对班级和学生个人都要有适当有效的教育。

第五，及时和家长沟通，但要注意沟通方式，要做到有效沟通，比如M君的妈妈第一次和我聊天潸然泪下时应当把她留下来，做更加深入的沟通，和家长形成统一战线，而不是让她马上回去，继续受学生的影响。

第六，要制定完善的班规，培养有力的班级管理团队。要不断增强班干部队伍的管理能力，而不是什么事情都亲力亲为。学生是最了解学生的人，他们的管理往往更加有效。

第七，把家长请进校园，参与值班工作，让家长能够真实地观察孩子在学校的表现。要让家长做到心中有数，不偏听，不偏信。

当然，这只是我目前积累的一些经验。这个教育案例有很多待挖掘的地方，限于篇幅，我只谈了我的收获。希望能对奋战在一线的班主任有所帮助。

班级管理中切不可主观臆断

吴振兴

我新接了高三一个班的班主任工作，了解班级情况是必须先做的。年级长向我反映说这个班首先得管好两个人：第一是蔡晓健，他可是高二一学年都不做课间操，一头飘逸的长发长期保持，个性独特。第二是范志敏，比蔡晓健有过之，自己违纪不说，还在班级捣乱。年级长列举了范志敏许多的不是：（1）很是不孝，家长会后与其母一句话不合就将其母一拳打倒在地；（2）上课假装睡觉引起老师注意，提醒后再睡直至老师厌烦，而假期补课；（3）恶意讽刺成绩落后的同学，说什么你看我天天睡觉都比你成绩好，你看你那智商压根就不是读书的料；（4）屡次违反学校纪律，又一次次一把鼻涕一把泪地从学生处蒙混过关，出学生处后给好友挂电话说两字"搞定"；（5）串通一批同学与老师作对。大概接管班级一个星期，一个女生的家长打电话过来坚决要求她的女儿转学，原因是我们班的范志敏缠着她女儿谈恋爱，她女儿不同意，结果范志敏动手打了她的女儿，连手都被打得青一块紫一块。我安慰家长后连忙去了解情况，叫女孩出来，看看她的手确实有拉扯留下的痕迹，问她具体情况，如她妈所说差不多。叫范志敏来，他一口咬定是女孩在追他，他不同意，她受的伤是自找的，并且开始数落女孩和女孩她妈的种种不好。我心想，你范志敏其貌不扬、成绩不优、品行不端，怎么会有女孩喜欢你？而这个女孩无论是容貌还是成绩都很不错。我立马打断他的话，数落他："第一，不管她妈怎样，你背后说人家的坏话就是不对的；第二，不管你们以前是谁追谁，你让人家受伤就是不对的；第三，你以前的种种言行让我怀疑你说话的真实性。"他马上当着女孩说，"你问她"，但是当要女孩说时，她只是默默地哭泣，让人怜悯。我打断了范志敏的逼问，立即约法三章：第一，两人的座位马上分开；第二，课间不管什么时候，不管有什么问题，不能在一起；第三，如果还有交往，将情况上报学生处，按照学校的有关制度进行处理。这件事过后，我心想难道真有女孩喜欢他？一个星期后范志敏上课玩手机，任课教师把手机没收交给了我，我带着一颗好奇的心偷偷地看了一些他的信息。居然有一场三角恋呈现在我面前，原来真的是女孩追求男孩，而男孩却去追求另一个女孩，在女孩缠着男孩的时候不小心将手碰伤了。虽然这个男孩在老师的眼里是那么的可恶，可是他爱好运动，打得一手好篮球，嘴甜，人也确实聪明，对于涉世不深的女孩有一定的吸引力。还好，我没有凭借主观判断来处理两个同学的关系，不然会产生不可预想的后果。作为一个班级管理者，任何事情都最好以调查的事实为基础来处理。

跑调的歌声

王国营

　　我常常认为，一个好教师，就会带出一个好班，惠及一批批孩子。反过来，一个不称职的或者是不高明的教师，将会带坏一个班，而学生受到的影响也是无法估量的。由此，教师工作其实是很危险的，因为你稍有不慎，就会对你的教育对象产生意想不到的后果，所以你必须时时小心翼翼，就像在一张白纸上作画一样，容不得半点儿闪失。

　　前几天看了一部关于乡村教师的电影——《我的教育生涯》，影片中的"我"因为发现班上一个女同学条件不错，是块学音乐的料，就细心地呵护，不仅用自己微薄的收入为孩子交学费，而且每天用自行车驮着她到镇上声乐培训班上课。后来，小女孩走上了音乐的道路，最终成为一位著名的歌唱演员。试想，如果没有班主任的发现、支持、鼓励，女孩不可能成才，不可能实现自己的梦想，不可能改变自己的命运。我突然想到自己大学兼职带班工作中的一件事，也是班上的女学生学音乐的事，我的所为却和电影中的"我"截然相反，以至于每每想起此事我总是耿耿于怀，后悔不已。记得那是我带的第四个班，班上有个叫李小琳的女孩，长得挺可爱，就是学习成绩不怎么好，中等偏下吧。我当时最大的愿望就是希望她把学习成绩搞好一点儿，可她的兴趣好像并不在这儿，成绩老上不来。然而，对于音乐她倒是兴致勃勃，尤其是流行歌曲，唱得还有模有样。为此，班上还有不少她的"粉丝"。班干部选举时，大家都推选她担任班上的文艺委员。可过了不久，我又发现了问题，原来这孩子虽然喜欢音乐，但不知怎么回事，唱歌老跑调，声音还抖得厉害。午间唱歌时，经她一起音，全班跑调，不是高半音，就是低八度，逗得邻班的同学和老师直乐。年级组的老师跟我开玩笑，说："你还别说，你们班这个文艺委员还真有两下子，她唱一句，就让全班跟她跑了半天，可最后一句硬是给唱回来了。"同事的话搞得我哭笑不得，不过我想，唱歌跑不跑调无所谓，关键是成绩要上来。为了让她把全部精力放到学习上，开家长会时，我和前来开会的小琳爸爸进行了单独交流。我对他说："您的孩子表现还可以，就是学习成绩还要抓紧一点儿，哦，对了，她喜欢音乐，可我觉得她可能不太适合学音乐，她唱歌跑调，还是要把精力放到学习上来。"平心而论，我这么说的目的，是想督促孩子的爸爸抓抓她的学习。我话一出口，马上就发现父亲的眼里闪动着泪花。我暗自高兴，心想，一定是父亲被我的话打动，下决心要抓孩子的学习了！可我错了，几天后，我收到了孩子父亲给我的一封信，信中写道："老师，这几天我很伤心，不光是我，我爱人也一样，伤心的原因不是因为孩子的成绩不好，而是因为您告诉我琳琳不是学音乐的料。您知道吗，这几年来，我们可没少在琳琳身上花心思啊。为了支持她学音乐，我们为她买了钢琴，周六、周日送她上钢琴课，周二上声乐课。这可是女儿和全家最大的理想和希望啊……我是最相信老师的话的，您说得不会错，但我不能让琳琳失去理想和希望啊！一个人一旦没了理想和追求，对自己的将来看不到希望，那将是多么可怕的事。所以我和爱人商量，继续送琳琳学音乐，请老师千万别把这事对孩子说，那样她会受不了的……"读到此处，我心里有一种深深的负罪感。原来，那天琳琳父亲眼里的泪水是伤心的泪水，这是自己的孩子被人否定后深深的刺痛，而这痛来自被家长奉为神明的老师的一句并不高明甚至多少有点儿随意和轻率的结论。所幸的是，这些话没有对着孩子说，如果是那样，我将是孩子身心发展史上的千古罪人。以后，我仍然选小琳为班上的文艺委员，小琳也依然是那样兴致勃勃，尽管她唱歌仍然有些跑，但一天天在进步着。我再也没有和小琳的爸爸交流过，其实我很想表达我的歉意。多年后，我听说孩子考上了一所不错的艺术院校，但我丝毫没有像前面所述的电影中的主人公看到自己的学生在电视台唱歌那样自豪和激动，心中却更多了一份羞愧。为了班上的平均成绩更高一点儿，为了让自己的脸上更光彩一点儿，我差一点儿以孩子的理想和希望为代价，和影片中的乡村教师比起来，自己的教育境界多低啊。教育的真谛就是发现，像电影中乡村教师那样；还有就是坚持，像小琳的家长那样。所以说，教师特别是班主任很不容易，因为你要不断去发现，去发现每一个学生的独特之处；同时你要坚持，要坚持用正确的、科学的方法，根据这些孩子的不同去因材施教。

把遗憾告诉每一个人

王世风

他默默地离开了这座城市，没有告别，没有留恋，那么毅然决然。而我，时常在想起他的时候内心隐隐作痛。

那一年，秋叶还高挂枝头的时候，我飘落到高一（2）班，被任命为班主任。新学期的第一天，阳光像我的心情一样灿烂，我淡定地走进教室。也就在这一天，我遇到一个和我一样淡定的学生。那天我让全班相互交流，认识彼此，全班同学都在热情交流，唯独他，静静地趴着，两眼凄然，仿佛整个世界都与他无关。那是一个白白净净且瘦弱的男生，直觉告诉我，他肯定有情况，课后必须找个时间和他沟通，我心想。

下课铃响时，我却把一切都忘了！

记忆就这样沉睡了，直到一个月后它才被唤醒。那天我正在批改学生的随笔，一本名为"忧然轩"的随笔本吸引了我的注意。"忧然轩"，诗意而略带惆怅的名字，我好奇地翻开它，紧接着几行用红笔写的文字跳进我的眼帘，极度刺激着我的神经。"身在这个班级，我感觉很孤独，我找不到朋友，找不到快乐。"我的班级怎么了？这孩子是怎么了？究竟出现了什么状况？一连串的问题闪现在我的脑海里。我百思不得其解。晚自习的时候我把他叫到办公室。

"开学一个月了，寄宿学校的生活还适应吗？"我小声地问。

他低着头，不言语。

"生活上、学习中有什么困难吗？"我继续试探着问。

他依然低着头，手扯着衣角。

"从与你妈妈的交谈中我了解到你是个非常懂事的孩子，你独立意识强，动手能力强，很优秀。但一个人在生活或学习中总是会或多或少地遇到一些难题，假如你遇到了，并且你也相信老师，老师愿意和你一起解决。"

我话音刚落，他的眼泪就掉了下来。

"你愿意老师帮助你吗？"我拍拍他的肩膀，很温柔地问道。

他没有回答，只是轻轻地点了点头。于是我从人的性格、心理、交流的技巧等方面帮他分析自己的状况，告诉他该如何迅速适应陌生环境，交到自己心仪的朋友。这其间，他一句话也没说，只是偶尔点头。但我知道，他在认真听着。我们的谈话持续了一个多小时，临走时他说："谢谢老师，我一定会改变的。"我鼓励地向他点点头。

他一定能找到朋友，他一定会快乐起来的，我想。

自那以后，他真的变得开朗多了。课间能看到他与同学谈笑，有时还能看到他与同桌打闹。他快乐起来了，我得以释然。

临近期末时的一个电话，让我释然的心再次凝重起来。那是他妈妈打来的，她告诉我孩子吵着要转学。"转学"！这个词语让我震惊！"请您暂时不要答应他，让我做做他的工作。"在我的劝说和恳求下，他妈妈答应了我的要求。放下电话，我心里百味杂陈，我一直以为解决了的问题原来被一层美丽的外衣包裹着！我决定从他身边的人入手，鼓励班上的同学主动与他成为朋友，一起帮助他。于是我召集了班委会成员，跟班干部们交流了我的想法。班干部们听了之后纷纷表示愿意帮助他，我们的行动开始了！

可是，自下一周起，他就再也没回来了！我打电话去询问他的妈妈，"他的事情全班都知道了，我再怎么劝他，他都不愿意回去了。"他妈妈无奈地说。无限的悔意涌上心头，还伴着阵阵心痛，我彻底失败了！

作为一个班主任，没能深入地去了解学生，走进学生的内心世界，没有耐心细致地关注学生的变化，以至于被表象迷惑，还沾沾自喜，真是可悲；作为一个班主任，没能从学生的心理承受角度出发，采取的措施主观臆断，还孤芳自赏，真是可恨。可是无论怎么悔，怎么恨，他还是离开了。而我，只能留着这终身的遗憾。

只是不知道现在身在另一座城市的他，快不快乐。

祝愿他一切安好！

一件不该发生的事

刘 向

那是我刚当班主任不久的一天。

"你们的班主任在哪里，他是不是躲起来了，我今天就是来收拾他的，我要打扁他，如果他不来，我就打你们。"

全班同学都傻了，不知发生了什么，吓得不敢作声。

"不说班主任在哪里？好，那我就砸了你们的班级。"

班级的花盆和门玻璃顷刻之间化成了碎片。

"明天我还来砸你们，直到你们的班主任出来，我才能罢手。"

我第一时间接到学校通知，立刻到校解释刚刚发生的一幕。可我也蒙在鼓里，不知得罪了哪路大仙。我只强调我没做过对不起学生和家长的事情，学校将信将疑，出于对我的保护，让我待在家里，直到弄清真相。

后来，才知道，原来是我班的一名叫莉莉的同学，和她的表哥说我带领班里同学欺负她……这才有开头的一幕。

为什么会有这样的事情发生呢？我百思不得其解。我只知道莉莉是个性格内向的孩子，平时不和同学沟通，独来独往。我曾经找过她谈话，同她交流和同学的相处问题以及学习成绩问题。但效果不明显。

真相大白后，学校了解了在此事件中班主任并无过错，就强烈要求闹事者向班级全体师生赔礼道歉。莉莉同学的妈妈，莉莉同学的舅舅以及闹事者——莉莉的表哥都来了，在我们班级学生的一片谴责声中，在家长的诚挚赔礼道歉中结束了道歉会。此事也就告一段落了。一切恢复了正常。

过了几天，我班的莉莉同学悄无声息地不上学了，没人知道她去了哪里，后来听说到了一所新的学校没几天就不念了。莉莉的妈妈带着她去了哪里就不得而知了，我和班级的同学直到现在也没有她的消息。

现在想起来，我总有一种愧疚感。这本是一件不该发生的事，结局不应该是这样的。如果在事发前多和学生沟通，如果早知道她成长在单亲家庭，也许就能早一点儿解决学生的问题，也不会有此事的发生。如果在处理问题时多考虑一下孩子的感受，也许就不会使孩子辍学。如果我有经验的话……莉莉现在也许已经是一名阳光进取的大学生了。如果，也许，可是教育没有那么多的如果、也许。

我们教育的目的是什么？还有什么事能比让一名学生身心健康成长更重要？通过这件事，我真的意识到了教师的责任，懂得了怎样才能成为一名合格的教师。这件不该发生的事对我触动很大，决不能再有这样的不该发生的事出现了。我一直在努力。

我的教育故事

莫 彪

　　这个故事发生在2019年下半学期的运动会期间，事情看似没那么严重，最终还是出乎我的意料。

　　2019年11月8日运动会第二天上午10点，天气十分炎热，本应该在大本营观看高二年级比赛的我班学生范某和曾某跑出了大本营，去观看正在进行的高三女子200米短跑决赛。平日里这两个男孩都比较外向，特别是范某，在班上也是话痨级别的人物。当他们来到跑道旁，高三女子健将们正在做热身运动。突然范某冒出了一句："这个女的怎么穿着长裤参加比赛啊，这样会增加阻力的，真的好搞笑！"这话被旁边一位正在拍照的男生听到了，恰好他就是穿长裤女孩的同学，他走上前叫住了范某和曾某，一场三个男孩的"嘴仗"开始了，你不让我，我也不让你，最后彼此留下了一句话："待会儿见。"下午，一个女孩跑向了我，她把上午发生的事一五一十地告知了我，交谈最后她十分激动地跟我说道："我需要他俩当面给我道歉。"就在此刻我才意识到了事情的严重性，我找到了范某和曾某，他们如实地交代了事情的原委，还表示很无奈："那只是我的一句玩笑话，谁知道她就当真了呢。"整个过程中，他们觉得只要事态不扩大就好，愿意当面给学姐道歉，我也答应他们一定会和对方班主任沟通，并让他们当晚写下了事情发生的整个过程，同时认真反思自己的问题。

　　原以为这件事情就这样告一段落了，可远没有我们想的那么简单。第二天下午，范某和曾某慌慌张张跑到我办公室说："老师，我们刚刚在食堂吃饭，有高三的学生走过，二话不说就把我们的饭盆掀了，我们身上都被泼了好多汤汁。"没等他们开口，我就猜到这肯定和昨天发生的事情有一定关系。我安抚了两名同学后，让他们先回宿舍换衣服，然后马上回到教室等我通知。

我随后赶去高三办公室与女孩的班主任再次沟通此事，才知道原来这中间另有隐情。我再次找到了范某和曾某，对他们说："老师希望你们所说的每句话都发自内心，没有隐瞒任何一个环节。到目前为止，我选择相信你们说的每一句话，因为你俩都是5班不可或缺的成员。但是，如果你们不想矛盾升级，就一定要再好好想一想中间是否还有某些环节漏说了。"接下来，我留了时间让他们自己思考，不再过多引导。十分钟后，范某终于开口了。原来运动会的当晚，范某、曾某和高三的三位学长还有过冲突，但是他们在跟我交流时隐瞒了这件事，这就是真正出乎我意料的地方。最后经过引导教育，范某和曾某当面给学姐道歉，同时给其中一位学长道歉，三位学长也给范某和曾某道歉，双方承诺不会再有任何矛盾，至此事情终于有了一个结果。

　　整个事情给我好好地上了一课，也让我明白了作为一位年轻班主任的很多不足。对于这件事情我有以下几点反思：

　　1. 精神慰藉、情绪疏导、谨慎处理

　　当学生向你反馈发生的问题时，作为一个倾听者，你一定要将体谅和尊重放在首位，要让学生感觉到良好的沟通关系，在学生明白自己错误和感受到痛苦时要给予其精神慰藉。

　　2. 规范突发事件应对机制，消除事后隐患

　　学生认识到了自己的错误，一定要做出书面检讨，并且告知家长，以免学生之间矛盾再次升级，发生不必要的冲突。同时要及时消除双方的矛盾，不能拖延。

　　3. 多关注学生的人际交往问题，提高学生思想上的认识

　　及时召开班会，找到学生们人际交往的思想误区，提高学生们的思想认识，预防和避免下次类似事件的发生。

　　4. 加强中学生思想品德教育和法制教育

　　始终坚持以"立德树人"为出发点，重视学生品德教育，让学生学会做人；同时，也要让他们明白语言的冲突到最后肢体的冲突充分暴露了他们法律意识淡薄，应对其加强法制教育，使其树立牢固的底线意识和法律意识。

　　5. 重视归纳总结，积累工作经验

　　作为一名年轻班主任，在整个过程中处理事情不够细心，没能及时遏制事态的发展，对学生问题不够敏感。从这件事情中，应该多总结归纳，通过学生冲突事件提升自我业务水平，及时与同行交流沟通。

桥

王世风

今天的题目，唤醒了隐藏在我心里多年的沉痛往事。

那年我刚毕业，学校要锻炼年轻人，给我安排了班主任的工作。因为与学生的年龄相仿，很快我就和学生们打成了一片，成了好朋友。师生关系和谐，课堂氛围融洽，这种祥和的情形，麻痹了我的神经，让我开始变得盲目自信，认为教育并非难事，教育思维趋于简单化，直至一场变故的降临。

一天晚上，我接到小菲爸爸的电话。"老师，小菲翻窗外出，不知道去哪里了。"他焦急地向我汇报。一个女孩子，这么晚跑出去干什么呢？我一边安慰着小菲爸爸，一边想着对策。放下电话后，我马上向学生处汇报了情况，并联系了班级任课老师，请他们帮忙一起寻找。我把班里小菲的好友逐个筛查了一遍，也没找着。正当我们束手无策时，小菲却出现在我的寝室门口。

"你爸爸到处找你呢，我送你回去吧。"

小菲没有回答，但还是点了点头。

夜深了，我陪着她往回走。一路上我小心翼翼地向她了解外出的原因，她只是一味地低着头不说话。走到半路时，她爸爸迎面走来。小菲一见是她爸爸，掉头就跑。我快步追上，抓住了她的手臂，小菲爸爸立即赶了上来。

"啪"，一记耳光结结实实地打在小菲脸上。

"你想跑到哪里去？你干脆死在外面算了！"

"死就死，有什么了不起的！"

父女俩针锋相对的声音充斥着整个小巷。我既担心小菲再跑，又担心她再次被打，就一直陪在小菲身边。在离她家不远的一座桥上，我们遇见了她的妈妈。

"你们别再抓我了，我不会跑了。"

见她的爸爸妈妈都在，我便放心了，松开了小菲的手臂，准备离开。

就在那一刹那，小菲迅速转身，从桥上一跃而下，"扑通"，小菲爸妈愣住了，紧接着响起了呼天抢地的哭喊。我飞快地跑下桥去，从污泥里抱起她，发疯地冲向医院。我不知道自己是怎么从两米多高的堤坝上跳下去的，也没感觉到鞋子里灌满的泥浆……心里只有一个念头：千万不要有事。

医院的诊断结果让我松了口气，医生说：因为只是掉进泥浆里，并无生命危险。我心中压着的石头终于放了下来，但这件事给我的震撼是持久的。接下来的一个星期，我只要一闭上眼睛，就能看见小菲毅然跳桥的情景。震惊、疑惑、愧疚、悔悟、后怕，无数种情绪交织在我心头，以至于这事情过去了一个多月，我依然没有从中走出来。

她为什么要离家出走？

她们父女间究竟发生了什么？

她为什么会选择从桥上跳下？

她需要得到什么帮助？

每一个需要答案的问题都没有答案，而每一个答案都与孩子的健康成长息息相关！作为一个班主任，一种羞愧感充斥在我的心头！

这件事，在我班主任工作中化作了长鸣的警钟，也搭建起一座通向合格班主任的桥梁。我正在全力以赴地向前迈进，愿以一人之心，换取无尽欢颜。

一本数学笔记本引起的"奇案"

陈伟华

一本不翼而飞的数学笔记本让学生感到难过，难过的不仅是她丢失了心爱的笔记，更重要的是这名学生对其他同学的猜疑，感觉自己被他人孤立，很多事情被同伴针对，有校园冷暴力之嫌疑。作为班主任，我在处理此类问题时遵循正向教育的原则。前期多角度了解事情原委，不轻易下结论；在牵涉的人与事中，考虑保密；在处理问题过程中，引导学生树立"规则""尊重"意识，从尊重的角度给学生足够的台阶，同时让学生认识到："任何事情都有规则，做错事情就会付出代价。"

一、不翼而飞的数学笔记本

周四，下午第三节，海星班[高二（17）班的别名]，地理课。在海星班上课，我会抛下班主任的面孔，做最单纯的地理教师，讲自然环境，讲人文历史。课堂上学生听得认真、独立思考，而在学术交流上非常平等，常有一种意犹未尽的感觉。下课了，几名学生围到我身边，继续与我探讨课上的问题。李利（化名）小心翼翼地站在一边，看着我与其他同学讨论，想上前，又不敢走上来。见我解答完其他几名学生的问题后，身边没其他人，李利忙走上前来，小声说："老师，您有时间吗？我想和您说件事。""啥事？这里说吧！"我答道。"老师，您出来，我告诉您。"听到她这么一说，我一愣，忙跟着她走出教室来到走廊。

"老师，我的数学笔记本不见了，其中总结了很多错题、好题，凝聚着我的心血，您能不能帮我问问，看谁拿错了。"李利非常着急地跟我说。

"你先别着急，回忆一下，什么时候发现笔记本不见的？最后使用笔记本在什么地方，什么时候？"

"老师，政治课上课前，我记得就在我课桌上，上您的课我就没看到了，翻了整个课桌，都没找到。"

"问周围的同学了吗？是不是他们有人拿你的笔记本去整理错题了，你的笔记做得比较好，他们与你比较熟悉，或者没有来得及对你讲。"

"老师，我问了周围的同学，他们说没有拿。还有，上一次，我的历史作业本也不见了，我开始以为是恶作剧，后来感觉不是，好像有人在针对我。所以，这次我觉得跟上一次历史作业本的事情差不多。"

听到这句话，我心里一紧，难道班级有冷暴力，或有变相校园欺凌现象？这事还真的要重视，学生已经有比较明确的认识或怀疑了，得查明真相。跟班主任询问实际上是希望得到老师的帮助。但要了解清楚这件事先不应该着急，得问李利为什么有这种怀疑。

"小利同学，你为什么认为他们有针对你的情况，你能私下跟我说一下吗？看老师能否给你帮助？"我班作为一个历史组合的班级，女生较多，由于新组建后，学生来自不同班级，难免有小团体之分。小利性格比较内向，胆子较小，加上原班级进入本班级的学生不是很多，很多时候她与其他人交流较少。小利学习认真刻苦，笔记做得非常有特色，受到好几科老师的肯定。

"老师，上次我们班里排座，是按照学习成绩和诚信数据综合排序，我排在前面，有优先权，但是我在选的时候，有好几个女生跟我说，我看中的座位不能选，她们私下已经说好了。我没理她们，她们就有人过来骂我。我与她们顶了几句，但是后来觉得班上同学关系没必要弄得那么紧张，最后我做了让步，选了另外的座位，可还是受到她们的不公正对待。上一次历史老师在课堂上夸我的笔记做得好，就有人嘲笑我的作业是好看不好用。再过几天，我的历史笔记就不见了，后来也找不着了。我感觉有人是故意的。"

"老师，您能不能帮我查看一下教室的视频监控记录？"

"好的，你先别着急，也许有同学拿了你的笔记本忘记跟你说了，毕竟到现在才一两节课的时间，你在班级黑板上写一则寻物启事，说你自己需要使用笔记本了，到时看有没有回音！"

"好的，老师！"

二、从笔记本到座位风波

18：40分，晚自习即将开始，看到黑板上的寻物启事，我在想，李利的笔记本应该回来了吧。在班上转了一圈，我特意来到她的座位边，问她笔记本找到了没。李利答道："还没有。""再等一等，如果晚自习结束还没有见到，我就申请去学校视频监控系统查看监控。"

李利反映的选座的事情、历史笔记本的事情，我要重点了解事实真相。我把班长张莹（化名）找了出来，问到上一次班级座位编排的相关情况。我们班的日常管理基本由班委会负责，班干部比较得力。

"老师，班级座位编排的原则，班上所有同学都很认可，即平时表现和班上成绩排序综合，对您充分听取我们的意见班上同学都很开心。我们班委在执行过程中，也没有过多阻力。相对来说，男生这边，选座位都是让着女生，主动找那些相对靠后的位置。女生的情况就稍微复杂一点儿，有些同学关系比较要好，如果她们选座的序号或名次都差不多，影响不大，坐在一起就很容易；如果差太多，她们想坐在一起，就需要她们自己私下协商。"班长跟我简单讲了下情况。

"有没有部分同学因为座位的问题，与人有纠纷，或有言语之间的冲突？"我问道。

"老师，我没有听到这样的事情。当时，班委和小组长讨论座位调整方案时，大家就没有什么异议。调整座位时，我跟大家讲，如果有问题与小组长或与我、与您私下沟通都可以。整个过程都很顺利。大家选好座位后，课间就搬好了桌子。调整后那几天，只有李利和我讲了一下，我找到了她们组的小组长，跟其讲了我们的原则，说要遵循规则，她们组长也没说什么，后来她们自己协调好了，我也没有收到反馈。您当时也没有跟我说，我想应该没有。"班长执行力强，比较公道，在学生中很有号召力。

听到班长这么说，我把李利所在小组的另外四个女生找了出来，请到了我的办公室。

"这段时间，你们学习感觉怎么样？状态有没有提升啊？"我问道。

"嗯，反正上次学段考已经过去了，心态反而轻松许多了，学习压力没有那么大了。"学生甲说。

"班上的学习氛围很好，马上要到高三了，每个人都在努力。我比较喜欢自己现在这个状态。"学生乙说。

其他两名学生也纷纷发言，说到学习上的事情。这几名学生性格比较活泼，跟我说话大大咧咧。

"那就好，有这种学习认识，并能努力去做，那就太好了。老师很欣慰哦，加油啊。"我说道。

"看来这次座位调整好像还不错，你们现在坐在一起，对学习帮助还是很大的啊。"我微笑着说。

学生甲一愣，然后脸就红了，"老师，对不起，有个事情我要向您汇报一下，这次座位调整我本来不是现在的位置，后来我和李利同学协商调换的。"

学生甲在高一就是我任教科目的学生，对于我的旁侧敲击已经有过经历。今天我把话题一引，她有这样的反应，我就估计李利所说不虚，她是情非得已，这几个学生抱团在座位问题上面让她不得不让步，但是事情确实应该不会很大。这几个学生不会做特别偏激的事情，只是嘴巴比较碎（话较多）。

"哦，这样啊，那李利同学同意与你更换，还是很有奉献精神的，你们能与这样的同学一起学习，是缘分更是幸运啊，要好好珍惜这份情谊。"

"老师，您是不是指上一次座位的事情啊？上一次调座位的时候，李利开始选了甲那个座位，当时我说了几句比较冲的话，当时她没说什么，后来她也坐另外的地方去了。后来班长跟我讲了这个事情，当时我心里就很内疚，到现在我都有对不起她的感觉。老师，您说的是不是这个事情？"学生乙把话题转到这里。

"我只是随便和你们聊聊，看你们学习上有没有遇到什么问题。你说的这个事情，我是从你们口中听到的，但是同学之间，需要包容和换位思考。如果以后遇到这样的事情，要有尊重之心，要有心善之念。要努力学习，安心学习，不要有心理压力。"我狡黠地答道。

三、笔记本找到了

几名学生回到教室后，我来到学校视频监控中心，查看李利提到的两个时间段，很快就找到了她数学笔记本丢失时的情况：下课期间，一个学生飞快地从她桌前经过，不小心碰到笔记本，笔记本一滑，滑进她桌子前面挂着的书包里，书包刚好打开，而前面的同学都不在座位上。看到这一幕，我放下心了。接下来就是要解开李利的心结。

权衡之下，我觉得让她看一下视频比较有用，这样能打消她的疑虑。于是我把监控视频截取了部分，放在计算机上，把李利请到了办公室。

"李利，笔记本找到了没？"我问道。

"还没有，老师。我觉得班里有同学跟我过不去，是不是有人故意针对我啊，老师，您帮我看了视频监控没？"李利有点儿失落。

"你觉得我们班现在学习氛围怎么样？班级同学整体怎么样？宿舍同学和你关系怎么样啊？"我问道。

"老师，我觉得现在班级学习氛围很好，同学们大多都很好，学习努力，为人都不错，宿舍的室友对我都好，这个班级我比较喜欢，我也很喜欢老师您。"

"你觉得有人故意针对你？这段时间其实我一直留意你们小组的情况，班级很多人对你评价很不错，都夸你作业做得认真，板书非常工整，老师也在夸你。你觉得是有个别同学跟你搞恶作剧吗？"

"老师，我只是有这种感觉，如果数学笔记本没丢，我就不会这么想，包括历史笔记本，我自己有时也有丢三落四的毛病，历史笔记本丢得比较久了，什么时候丢的都不知道，只是这次数学笔记本丢了，让我联系到，是不是有关联性。其实我真没有怀疑同学，只是感觉是恶作剧。老师，如果你看到哪个同学拿了我的笔记本，也不要先批评她，我现在感觉还是恶作剧。他也许看完后会私下给我放回去。"

"如果数学笔记本没有谁拿，那就是说，让你纠结的事情，就不会有。对不对？"我说道。

"对！"李利回答得很快。

"来，你过来看一下。"我把拷下来的视频打开，让她仔细往下看。

"好神奇，太巧了，怎么可能，这样啊，老师，谢谢您，我错怪其他同学了。我真是放心了，太开心了。"李利高兴地说。

"这就是眼见为实。你所在的班级，同学们都是很不错的，是不是？以后不要有太大的心理压力。"

"谢谢老师！"

走到教室，李利跟她前桌的学生一说，前桌一脸茫然，往书包里一看，也惊讶万分。

第二天早上，我收到了一条短信，是李利妈妈发给我的，内容是这样的：

"感谢陈老师对孩子的爱心付出，您是我感觉最认真、最有责任心、最有情怀的班主任，孩子近段时间一直心事重重，总感觉同学孤立她，昨天晚上孩子打电话告诉我，说有个孩子专门找到她，因为座位的事情向她道歉，另外加上这次笔记本的小风波，让她彻底放下心来，感到了老师、同学对她的友善和关爱。您对孩子的引导、教育、帮助，我们感激在心，谢谢您！"

这次笔记本风波，貌似是一次学生用品丢失事件，实则表现出学生对同学的怀疑与不信任。在笔记本失踪过程中，学生感觉没有好朋友与她分担，这让她感到失落、不被信任，缺乏安全感；学生内心敏感，甚至感觉自己被孤立、被针对，非常苦恼，以致最后求助老师。

遇到此类情况时，每个老师都有不同的处理方式，但是处理过程中，前期应该多了解事情原委，从多个角度去看问题，不要轻易下结论。与学生交流时需要"和风细雨"的语气，处理问题时要引导学生"换位思考"，从尊重的角度给学生足够的台阶下。要让学生感觉任何事情都有规则，做错事情就要付出代价。教师应该遵循正向教育原则。

这场风波，其实也反映了班主任管理的一些问题。一是对学生了解还不够，比如学生自己感到被孤立，找到老师，然后再细聊后才知道；二是对班干部的培养和班级的管理还需要加强，虽然班长公正有魄力，但是在朋辈关系处理方面，作为同龄人，鉴于她的学生身份，有些问题是无法处理的，这个时候班主任要及时出现，处理相关问题。

以后的班级管理过程中，班主任应该多留意细节，尽量走入学生的心里，争做学生的良师益友。

第七辑

——

记忆里开满了鲜花

良禽择木而栖，栋梁成于沃土

二高校友家长　邬新颜

转眼间，女儿已从二高毕业多年。良禽择木而栖，栋梁成于沃土，高中三年，对于一般人来说也许过得很平淡，对于女儿来说却得到了质的飞跃。

六年多前，第一次听说二高，是在一场招生宣讲会上。初中时，女儿虽然考试成绩不错，但是基础知识不扎实、性格内向的问题一直困扰着她，也让我们做父母的头疼。因此，选择一所什么样的高中才更有利于女儿的成长，成了我们的一块心病。宣讲会上，讲台上的二高老师年轻、儒雅、意气风发，向我们家长自信地讲述着二高近年的发展。二高作为一所刚刚成立不到五年的新学校，从师资到教学环境，不输给任何学校，教学设备远超各所学校，其"尊重"的理念更是深深吸引着我的注意。从那时起，二高这所学校就在我心里埋下了小小的种子，我与女儿的妈妈，静待花开。

一、独立的意志

从小学开始，女儿就在家附近上学，高中是她第一次离开家生活。这使得作为家长的我有些担心，即将开始寄宿生活的她，能适应独立生活吗？2014年9月，女儿正式入学，也就是从这时开始，二高不断给我们带来惊喜，让我们看到了女儿的巨大变化。

初入二高，一周的军训，让女儿经历了苦与累的考验。每天早上准时的晨跑，女儿在看似简单的跑操中，学到的是日复一日的坚持；严格的作息时间让女儿克服了慵懒的毛病；正步、军体拳的学习，让女儿学会了精益求精、高标准地要求自己。军训结束后，令我惊喜的是，虽然高考没有体育成绩的要求，但是学校并没有放弃对女儿身体素质的锻炼。学校除每周开足体育课外，还开辟三个体育锻炼时段，三个年级轮流做三套操。每天下午最后一节课后，是阳光长跑时间，每周一下午校长还会边跑边带领学生高喊："一、二、三、四。"三年来，二高校园里阳光长跑活动从未间断。

在学生发展方面，二高秉承"以尊重的教育培养受尊重的人"的理念，尊重学生的自主人格，构建了学生自治体系，以及军事、经济、文化、政治、社会、自然等六大主题实践课程体系，促进学生的自主和全面发展。在课余时间，女儿常会与小伙伴相约去图书馆查阅资料，进行社会实践学习。

好的习惯、好的品质，才能成就好的成绩。在女儿身上，我更深地理解了这句话的含义。审题大意、运算出错等问题曾经严重影响了女儿的成绩，女儿也发现了自身的问题，但无从下手。升入高中后，她开始主动分析每一次考试的错因，找到失分点，想方法弥补，在后来的考试中，女儿在同一个问题上栽跟头的次数明显减少，成绩越来越好。

二、感恩之心

虽不是从小生长在蜜罐里，但女儿一直以来的生活也是比较安逸的，对周围的人有着不小的依赖心理。可自打进入二高后，她渐渐地发生了改变。每次放假回家，吃过饭后，她都会主动收拾桌子、刷碗、扫地，也渐渐开始学会关心父母、关心周围的人，在学校时，每到父母生日时她都会准时打来电话送上祝福，平日里遇到需要帮助的人，她会主动伸出援手。

问起女儿的这些变化时，她向我们说起了学校老师、同学们对她的影响，说起了学校的感恩教育。在一次班会课上，老师带领他们走出课堂，去赞美自己身边的人，去向自己感恩的人道谢。在那一次活动中，她第一次向周围的人吐露心声，第一次体会到了感恩带给自己、带给他人的快乐。

感恩是一种文化素养，是一种生活态度，更是一种社会责任。正是通过二高对孩子的感恩教育，她明白了他人对自己所做的许多并非理所当然，而是出于对自己深深的爱，自己应当懂得感恩与回报。常怀感恩之心，内心自然平和。因为感恩，才会感激，才会珍惜。珍惜已经得到和拥有的一切，明白月圆是美，月缺是另一种境界，如愿固然好，不如愿更有机会完善和选择。看着女儿认真而动情的表述，我特别欣慰，我觉得我们是世界上最幸福的父母。

三、梦想的摇篮

女儿刚上高中时，我曾问她以后想做什么。她眨巴眨巴双眼，迷茫地看着我说："不知道。"

高二，有一次女儿从学校回来，郑重其事地对我们说："爸爸妈妈，我以后做一名老师怎么样？"女儿说，她想要成为像自己的老师们一样的人。"是老师们对我的鼓励，让我发现自己能够成为更好的人。我也希望未来，我的学生能够在我的帮助和鼓励下，实现他们自己的梦想，那我一定是世界上最幸福的人了。"感动于女儿有着这种奉献他人的意识，我们作为家长的，也为女儿的选择骄傲。

如今的女儿，即将走上三尺讲台，成为一名人民教师。如果说大学的生活丰盈了女儿的梦想，那么二高，就是女儿梦想的摇篮。苏联教育家申比廖夫曾说："没有教师对学生直接的人格影响，就不可能有真正的教育工作。"这就是所谓的"德高为师，身正为范"。二高选择了一条尊重教育规律、尊重生命成长规律，尊重学生发展差异，尊重学生的创造性劳动，着眼学生长远发展的大道，教师以自己的行为影响学生，带动学生，提升学生。

如果说老师是园丁，那么二高就是培育栋梁的沃土。在二高的苗圃中，无论是无名小草还是娇艳鲜花，它都被赋予同样的养分，都能够得到精心的呵护与滋养。看着她身上发生的一点一滴的改变，我深知是二高营造的尊重、自主、阳光的氛围，让女儿从一个娇生惯养的小女孩，蜕变成一个有着坚强意志的独立个人。我坚信，女儿身上坚忍顽强的品质、迎难而上的勇气、坚持到底的毅力，将会成为她一生受用不尽的精神财富。

三载二高情，一盏玉壶冰心

邬佳颖

"栀子花开，如此可爱，挥挥手告别欢乐和无奈，光阴好像流水飞快，日夜也将我们的青春灌溉……"，歌声在耳机里回响。时光荏苒，如落叶般飘飘洒洒，漫步在大学校园里，高中的记忆如电影画面一幕幕出现在脑海中。在二高，我度过了迄今为止最为快乐的三年，留下了最青春的身影和真挚的情感。有人说，没有高考，二高就是天堂。但是，有高考，二高也还是天堂啊。

一、初次见面，请多关照

和二高的缘分始于初三。回忆起来，有点儿奇妙，又是那么的顺理成章。初三的时候，许多高中派人来到我所在的初中给家长们开宣讲会。晚上回家时，妈妈拉着我，哭笑不得地说，"刚才有个深圳市第二高级中学在讲的时候，你爸听着一激动，喊了一句'就来你们学校了'，整个会场都认识你爸爸啦！"原来，爸爸是听了赫主任的宣传，被二高优美的校园环境、先进的教学设备和教育理念吸引，情不自禁喊出这句话来。现在想来，也许从那一刻起，我和二高便开启了一段解不开的缘分。

刚进学校时，倔强的我为了向父母昭告自己的独立，拒绝了他们把我送到学校的请求，自己提着大包小包来到了校园，好不容易找到了宿舍，又找不到教学楼。兜兜转转，我终于进了教室，便默默地坐下，一切对于内向又怕生的我来说，都是那么的陌生。"佳颖，怎么样，还适应学校吗？"转过头，我看到了来自班主任杨成老师亲切的目光。我惊讶于老师竟然第一次见面就准确地叫出了我的名字。杨老师得意地摆了摆手中我们的姓名和入学照，这可是中考时候的"黑照"啊。"您……是怎么认出我的？""眉宇间还是认得出的，都是自己人嘛。"

正是在杨老师的关怀下，我开始适应了新环境。而时隔多年后再度问起，才知道，入学前，杨老师就已早早拿着我们的照片和姓名来记我们每一个人，希望能够给刚入学的我们多一点儿家的温暖。

二、岁月如歌，携手走过

1. "有请我们的梦想导师"

我不是一个成绩一直很好的学生，地理尤其是短板。

高三寒假，根据自由选择原则，我们成立了导师制小组，陈伟华老师是我们小组的导师，我们亲切地称他为"梦想导师"。第一次小组交流，我们紧张地等待着导师分配任务，组长宣布"有请我们的梦想导师，鼓掌"，谁知伟华老师一上来就说，"今天我们不谈学习，大家聊聊天，老是学习，你们多累呀。"一下把我们逗乐了。畅谈中，我们聊着自己描绘的蓝图，也聊着眼前的迷茫与忧虑。伟华老师就像我们的大家长一样，和我们交流、分享，那些藏在心里无从疏散的迷雾，顿时消散。

作为班里的地理"特困生"，晚自习时，我总是有一大堆问题等着问。伟华老师负责16、17班的教学，两个班又恰好分在两个楼层的左右两边，每天晚自习的走廊上，总能见到他在两个楼层徘徊答疑的身影。即便步履匆匆，对待我的问题，伟华老师也都是无比耐心地给以解答。就像他对我们说的，"梦想导师，就是要对你们的梦想负责。"

如果说梦想是我们遥望的彼岸，那么二高的每位老师就是我们通往梦想之路的明灯，是我们最坚实的后盾。还记得刚入学时的我，虽然已经过了思考"清华好还是北大好"的年龄，但也是个对高考形势没有概念的孩子。还记得高一第一次考试我只考了年级600多名，看着成绩条，找不到方向。在与班主任杨老师交谈后，我第一次开始对自己的学习方法进行反思，了解了在主三科特别是数学上突出的优势，以及对文科较强的理解能力，我转变了无头苍蝇一般的努力方向。还记得高二，一曲《老男孩》让全年级认识了身高185的东北大汉超哥。年纪轻轻的他，总能把生物课上得有声有色，让我们文科班的学生也爱上了生物这门"轻松加愉快"的课程。还记得高三每节语文课后，王文雄老师身边总是围满了人等着讲评作文。课间10分钟，王老师铿锵有力的话语，爽朗的笑声在教室回荡。还记得好多好多。

二高三年，山高水长有时尽，唯我师恩日月长。感念每位老师的帮助，成就了今天有了莫大进步的我。

2. "一二，三四，一二三四"

以班级组队，边跑边高喊"一二，三四，一二三四"的整齐方阵，是二高一道独特的风景线。几年来，每天下午最后一节课后，阳光长跑都如约进行着。每周一下午，还有校长的领跑。哪怕炎热，哪怕寒冷，校长都会陪着我们跑到终点。这就是二高独具特色的阳光体育项目之一。

在尊重型德育和阳光体育"双特色"的带动下，无论哪天的校园都和运动会前夕一样，体育之光照耀在每个角落。沐春风而思飞扬，凌秋云而思浩荡。傍晚时分，总有许多学生直奔操场，在橡胶跑道上一圈一圈地跑着，在足球场上放肆地释放压力，肆无忌惮地吼着。热爱运动的老师们也一起加入，围在操场上的人数不胜数。

区别于传统的按班级上体育课，二高还为我们提供了可根据自己的喜好选择的不同类型的体育课，如篮球、排球、足球、羽毛球、乒乓球、健美操、游泳等。在二高的三年，我体验过健美操的愉悦，也在篮球场、足球场上挥洒过汗水。体育节、篮球之夜、足球之夜，二高设置了各色的活动来提升学生对体育的兴趣。虽然学习紧张，但每年的体育节，都是学校的一大盛事，全班上下集体出动，班主任也会跟着我们一起练习。当我们十个人绑着腿，奋勇拼搏、勇往直前时，当我站在运动场上为每一位运动员挥手呐喊时，我突然发现，最终的成绩并不是那么重要，重要的是当下、此刻，我们彼此鼓励、彼此信赖，这份朴实无华，却愿意为了同一个目标奋斗的情谊。在体育活动中，我遇见了不一样的自己，不一样的高一（1）班，高二、高三（16）班，和充满阳光、活力的校园。

二高三年，我为自己的成长骄傲，我更为我所在的班级、我的学校骄傲，是你们告诉我最美的时光，是我们挥洒汗水、并肩奔跑的日子。

3. "校园的守卫者"

"唰唰，唰唰"，有时，天还没亮，早起复习的我朦朦胧胧睁开双眼，就能听到阳台传来的清扫落叶声，这是室外保洁员们拿着扫帚、簸箕和小推车开始了一天的工作，他们要赶在学生上课前完成校园每个角落的清扫。走廊上飘来的饭菜香，是二高的食堂师傅们6点就开始蒸煮的成果。二高校园植被丰富，相应的养护工作也很繁重。但是，在小花园里散步的我们，总能见到绿化员们像对待自己的孩子一样，精心呵护着校园里的花草树木。而凌晨，当我们纷纷进入梦乡，二高的保安们仍在进行一次又一次的巡逻。

他们是二高最默默无闻，又兢兢业业的人，他们是二高最朴实无华，又默默奉献的人。绿化员、保安、食堂师傅，还有许许多多后勤人员，是他们每天迎着校园的第一缕阳光而来，踏着夕阳而去，无论烈日阴雨，辛勤劳碌在校园的每个角落。"被保护着"是一种幸福，而心存感恩和更加努力学习，是我们能够给予的回报。2011年的跨年晚会上，二高的学子为后勤人员拍摄短片《校园的守护者》，让所有学子为之动容。

二高的"守卫者"远不止后勤人员。作为一所全寄宿制学校，老师们还要兼任"家长"的角色，守卫、陪伴着我们。还记得课堂上，米崴老师用她强大的逻辑体系、清晰的授课思路，带领我们班的政治走上年级巅峰，而课后，少女心满满的她就是我们的知心姐姐，每当我们遇到烦恼，米崴老师总是我们班女生的首选倾诉对象；还记得2014年春，正值台风袭击深圳，已经在校园的我们，贸然回家定是不安全的，许多学生就留在了学校自习。当天晚自习，所有老师没有人离开，陪着我们留在了学校。晚修结束后，他们守在学校的每一个楼梯口，目送着我们安全回到宿舍。那个下着骤雨、黑暗的夜晚，因为有了老师们的守卫，变得温暖、安详；还记得高考前一晚，校长也来到每个教室与我们亲切交流，老师们穿着那不大合身却很温暖的红色T恤给我们加油，那一抹红，就像是胜利的朝霞。

二高三年，所有的教职工们陪伴在我们左右。日复一日，年复一年，时光荏苒，我们走了又走，他们却是校园永远的守护者。这种家一样的感觉，除了二高，再也没有哪里能给我。

三、以梦为马，不忘初心

"走不完的长巷，原来也就那么长。跑不完的操场，原来小成这样"，歌声在耳机里回响。转眼间，毕业已是第四年。

如果说二高三年对我最大的影响是什么，那就是给了我一个教育的梦。如今的我，即将走上三尺讲台，成为一名人民教师。如果说二高教会了我最重要的是什么，那就是一种对学生发自内心的爱与尊重。"教育必须尊重人，如果没有尊重，就根本谈不上教育。"这是二高原校长邓世平先生的话，我一直铭记在心。于我而言，教育本就是一种以人影响人，以人带动人，以人提升人的活动。"尊重"的教育理念，"三实"的教学理念、德育理念在二高的领导、老师们的落实下，也深深影响着作为学生的我。正人先正己，时时刻刻做学生的表率，是我如今对自己的要求。

还在二高时，最喜欢的事情就是晚饭后倚着栏杆，看着夕阳西下。每天的晚霞，似乎都有着不同的样子。那时，总会想着，数年后的自己，会变成什么样子，过着怎么样的生活。如今的我已是数年后的自己，离开这片晚霞许久，却又无比怀念。也许我怀念的不是这片晚霞，而是这里的人和情。三载二高，情难忘。感谢二高，让我度过了完美的高中生活，也希望二高每一个我爱着的人，能够用自己喜欢的方式，度过自己的一生。

我眼中的"以尊重的教育培养受尊重的人"

郭佳承

"以尊重的教育培养受尊重的人",2011年的我听到这句话时,觉得那只是一个噱头。2014年的我听到这句话时,觉得那是一种理念。

我叫郭佳承,是二高2014届的毕业生,现就读于广州大学华软软件学院。对我来说,二高太好,总觉得其他学校太小。尽管如此,我还是努力地活出我希望的样子。大学期间做过班长,带领班级取得荣誉;做过部长,为院系赢得荣光;做过不少的兼职,也曾试过经济独立。可以说,二十年来读过的学校里,最令我感动的是二高。

真庆幸人生的旅程有着在二高的经历。

关爱之师——周婷老师。周婷老师是我最感激的人,人称"婷妈"。还记得高一的群架过后我获得了一个处分,而婷妈算是我的"监督人",时不时会问一问我的学习情况以及生活状况。然而我还是不争气地在高三那一年顶不住心理压力,放纵自我,翻出学校的围墙被逮个正着。在我坚持抵抗继续对着班主任等人撒谎时,意想不到的人出现了。那个人就是婷妈,按照规章制度,她是位音乐老师,并不是教导主任,这完全不属于她的事儿,可她凭着爱心专门过来劝导我,那时候的我就已经放弃抵抗了。我自甘堕落,但你依旧不放弃我就是对我最好的救赎。

兄弟之师——王峥老师。王峥老师是一位独特的老师。我和他更像是兄弟而不是单纯老师与学生的关系,当然这并不是说他授业不精,相反他的课专业性非常强。高三那一年可把我这位兄弟折腾坏了，像我这般心态不好的学生总会隔三岔五地出现一些问题，王峥老师却总是不厌其烦地宽恕我，好在宽恕并不是放纵。除了学业上的教导，他更在做人方面给我引导。一般的老师只会告诉你学术性的知识，毕竟做人方面的教育更多的是家庭所给予的。而他在休息时总会和我们说一些生活中的事，特别是发生在我们自己身上的，并教给我们一些为人处世的道理。我认为这些道理可以总结为两个字——正直。听过太多人说正直，然而能够给人感觉谈论正直这个词很自然的却很少，王峥老师是其中的一个。

仁慈之师——刘代锋老师。代锋老师的脸上总是带着微笑，看到他时大家总会莫名其妙地开心，而他的每一天都是充满能量且快乐的，对于处于高考压力下的我们无疑是一剂良药。在代锋老师面前，你同样也可以向他敞开心扉。无论是喜是悲，他绝对会抱着认真的态度去倾听且保密，这让我觉得受到了尊重。由此可见，"以尊重的教育培养受尊重的人"并不是一句空话。他的眼睛似乎可以看穿人的内心，总能发现你的异样。我很庆幸有这样的一位老师，高三的那一年不断抚平我躁动的心。

逻辑之师——闫瑞习老师。瑞习老师是一位严谨务实而又不失幽默的师者。他总能接受学生各类偏门的解法并加以优劣分析，只要能让学生在残酷激烈的战场上夺得分数即可。瑞习老师对学生的偏爱体现于此。对我而言，瑞习老师更在意学生思维的进步。数学带给人的更是思维上的严谨，如今我在社会中摸爬滚打需要这样的思维，这是瑞习老师以前曾说过的："做事需要有逻辑性。"这让我在生活中可以把一切打理得井井有条。

独立之师——彭勇。彭勇老师和我所说的王峥老师有着一些共性。不得不说我在高中时代，最喜爱的学科是历史。以史为镜，可以知兴替，但真正的历史又是什么呢？彭勇老师的课堂并不像传统的历史课堂那样枯燥。犹记第一堂历史课，彭勇老师和我们说了一句话："一切历史都是当代史，历史是人写的。"那时的我们一头雾水，不懂此话的深意。我想彭勇老师这句话更多的是鼓励我们独立思考每一个历史事件。我对于历史总是能阐述出和标准答案不一样却又不失道理的结论，彭勇老师在课堂上也时常对此表示赞赏，但并不鼓励。感谢"彭大元帅"给予我们独立思考的勇气。

碍于篇幅，只能粗略写写，还有许多对我意义深远的老师，只得暂时作罢，在此表示歉意，望理解。

传道授业解惑，此乃为师之基本。而二高的老师似乎都超越了这个范畴。成绩固然重要，但他们更注重对于学生思想的培养，更关心学生心理的发展。我从来不记得校训学风之类的铭文，却记住了"以尊重的教育培养受尊重的人"，这得益于老师们的恩惠。

谢谢你们，二高的师者。

有高考，二高也是天堂

林朝华

回忆在二高的生活，不禁想起一直流传于二高的一句话：没有高考，二高就是天堂。但我觉得，即使有高考，二高也是天堂。要说唯一的不足，那便是期限太短。三年，弹指一挥间，一切都只成了最美的过往。

2014年7月报到日，我第一次踏入校园，映入眼帘的是美丽空旷的东广场。五个字形容校园给人的第一印象，便是"又大又漂亮"。尚且记得分班考那天，穿着红马甲的小学姐热情地为迷

路的新生——我指路，监考老师笑盈盈地说，"这是同学们即将听到的未来三年的上课下课铃声"。听着老师的话，我不由得对未知的高中三年充满着期盼。

2014年9月，我和爸爸妈妈一同进入校园，在学长、学姐们的一声声"欢迎来到二高"和热情帮拿行李的过程中，高中生活暖暖地拉开了序幕。回头看，在二高的三年里，有二高给的各种平台让我做喜欢的事情，有同学的一路相伴支持，有学长、学姐、学弟、学妹的帮助和鼓励，但最难忘的还是老师们的谆谆教诲。

总觉得自己真的是足够幸运，才能遇到这么多好老师相伴走完这难忘的三年。记得刚上高一那会儿，一心投身于兴趣培养，直到考试结果出来，从来没有考过倒数的自己，对着成绩单开始由恐慌到不知所措。终于意识到自己并没能妥善安排好，很多事情譬如学习，真的没有下功夫，比起初三的努力劲头弱了许多。九门功课，感兴趣的还好说，提不起兴趣的成绩更是难看。我想，老师铁定要找我谈话了。果然，晚修就有同学告诉我，老师叫你去办公室。我深

呼吸，怀着一颗忐忑的心，走到班主任面前。意外的是老师面带微笑地叫我坐下，拿起我的成绩单说："你的语文这么强，其他也可以努力冲上来的呀。即使决定了学文，理科也不能太放松，毕竟还有学业水平考试，特别是数学要加油。不管学文学理，数学都是拉分科目，数学学好了对你以后都会有很大的帮助……"听着老师的话，我不禁暗下决心，一定不能辜负老师的一片期望。

到了高二，很遗憾，数学依旧是我怎么都跨越不了的坎儿，我怎么学都不尽如人意。直到有一回上课，老师收了我们课堂练习的稿纸上去，发回来时，我看到老师写了一句："加油，你可以更优秀！"顿时，心里暖暖的同时鼻尖也酸酸的，"优秀"两个字，虽遥远而又那么想触及，于是每每学不下去，我都告诉自己，再坚持一下，说不定又离"优秀"越来越近呢。

上了高三，每位老师都是我心中的光，以至于上了大学还总是会怀念起高三每天陪伴我们拼搏的老师。答疑答到十点钟的老师笑着和我们说，大家提的问题多我才感到高兴。遇到瓶颈期，老师耐心地同我一起分析几次模考的试卷和答题卡，告诉我哪些地方还能够再提高，在每个阶段更重要的是做什么事情才能效率最大化。更重要的是在心理上的鼓励："只要不是最后的高考，这所有考试都只是一次检测近期学习成果的测验而已，何必紧张又何必太过执着于所谓的成绩与排名呢，只有错误是意外的、可喜的收获。"老师的这番话让我对于考试渐渐改变了看法，无论成绩怎样起起伏伏，我都告诉自己，考试的目的是检查出问题，得失不能看得太重。越临近高考，心态反而越平和，更多的是珍惜最后的在二高的生活，和同学们打打闹闹又互相支持鼓励的时光。老师们的工作时间也越来越长，记不得有多少次晚修去办公室看到老师不是值班日还在忙着备课的令人心疼的身影，还有生病时眼里掩盖不住辛苦却坚持着来为大家上课。

高考倒计时牌的数字一日一日地减少，百日誓师仿佛还在昨天。忘不了高考那两天，陪伴我们度过高三的老师们还有学校领导穿着大红大紫的衣服为我们送考，他们的拥抱、笑脸和鼓励，让我在一个人走进考场时倍感温暖。

回忆起在二高的三年，如此幸运地遇到了我打心底里敬爱的老师们，只想再说一声："谢谢老师！你们真的很好很好。"突然想起毕业典礼那天抱着老师哭得稀里哗啦的自己和同学们，大概这就是二高那么让人眷恋的原因吧。因为有这么多的爱，所以无比的温暖，温暖得让人不舍。回忆起二高来就连空气里都是甜丝丝的暖意。

在懵懂中成长

王慧玲

曾经的我是二高的一分子，我有刚入学的懵懂无知，也有渴望认识新伙伴的激动。

聊聊我曾经的二高生活吧。我是2011年考进二高的，当时想报考这所学校的理由就是它是寄宿制学校，我可以远离父母的唠叨。皇天不负有心人，我如愿考入了二高。

记得报到的那天天气很热，我拖着行李箱，父母亲把我送到宿舍楼下，学长帮我搬行李上楼，我现在已经记不得是先分配的宿舍还是先分的班，只知道那时候大家都忙碌着，为新的高中生活忙碌着。家长们给孩子送这个送那个，搬行李，铺床，忙得不可开交，但是大家都很激动，因为要见到新的小伙伴了。第一次在这么大的学校读书，刚开始好几次都找不到教室在哪儿。高中的课程丰富、有趣，最喜欢静谧的晚自习了，大家都陶醉在自己的学习世界里无法自拔，下了晚自习就伴着阵阵微风回到寝室洗漱，惬意，美哉！

高一一开始我是被分在15班，班主任是闫瑞习老师，兼我们的数学老师。初见时，他戴着眼镜，穿着衬衣，给人一种文质彬彬的感觉。经过班主任的安排，我们逐一认识了其他的任课老师。就这样，高一（15）班有条不紊地开展起了教学活动。只是没想到快乐是短暂的，高二就分班了，班主任换了，原来的任课老师也换了不少，我的数学老师由班主任闫老师变成陈红明老师，一位笑起来可爱得像个孩子一样的和蔼的数学老师。在陈红明老师的帮助下，我的高考数学成绩达到了三位数，对于数学成绩总徘徊在两位数的我来说，这算是高中生涯最欣慰的事了。启迪我智慧的是高大、帅气的闫老师，让我收获胜利果实的是和蔼可亲的陈老师，他们都是我的人生导师，他们告诉我人生应该像学数学一样，举一反三！

总而言之，感谢二位以及曾经教过我的老师们。我可能理解能力不算最差的那个，但也不算聪明，我对学习的兴趣随着年龄的增长成反比下降。高三的我面对在学习上越来越多的不懂已经觉得自己病入膏肓，快高考那段时间家庭关系变得更差，我想我怎么样父母都无所谓吧，于是我做作业的时候应付了事，对什么事都提不起兴趣。

但是世上本没有后悔药，也不可能真的时光倒流，让我回到过去重新开始一切。我只能往前走，因为所有的路都是我自己的选择，我只能走下去。原来，"最大的敌人是自己"这句话是真的。

所以，当老师问我愿不愿意写一篇关于二高生活的文章时，我第一感觉是意外。我想学校要的是成功的案例，不是像我这种失败的案例。但是，老师的一句话给了我很大的安慰。他说你的人生都还没结束，怎么能算失败？人总要学会面对现实，敢于面对自己的不足，勇于突破。感谢二高给我带来的经历，感谢那些丰富的校园活动、社团活动，那些有趣的课堂实验，那一场场让人激动的运动会，还有所有可爱的同学们，很高兴认识你们。无论现在好与坏，大家一起朝着未来努力吧！